YAŞAMIN UCUNA YO

Tezer Özlü (1 … " kita-
bıyla edebiyatı … alem-
lerden biri old … kitabı
olan *Eski Bahçe'*y … anan
öykülerinden ol … *oğuk Geceleri*
(1980), kişinin, ço … ak içine düştüğü yaşa-
mın, kimi zaman … a, kimi zaman inceltilmiş-dolaylı
baskılarıyla karşı karşıya kalışını ve yaşadığı ya da "yaşama-
sına izin verilmek istenmeyen" farklılığını ve uyumsuzluğunu son derece sarsıcı ve incelikli bir biçimde, "teninde duyarak" işledi.

Özlü, yaşamın anlamını arayan ve bu arayışı hayranlık duyduğu üç yazarın (Svevo, Kafka ve Pavese) izlerini ve izleklerini de sürerek sürdüren ikinci roman/anlatısını ise 1983'te *Auf den Spuren eines Selbstmords* (Bir İntiharın İzinde) adıyla yazmış; yapıt 1983 Marburg Yazın Ödülü'nü kazanmıştı. Bu kitap, daha sonra dilimizde, yazarı tarafından *Yaşamın Ucuna Yolculuk* (1984) adıyla bir anlamda yeniden yaratıldı.

Özlü'nün ölümünün ardından ilk öykü kitabı, daha sonra yazdığı öykülerle bir arada *Eski Bahçe - Eski Sevgi* (1987) adıyla basıldı, kimi günce ve anlatı parçaları *Kalanlar* (1990) adıyla küçük bir kitapçıkta toplandı, *Zaman Dışı Yaşam* (1998) adlı senaryosu da yayımlandı. *Leylâ Erbil'e Mektuplar'*dan (1995) sonra Ferit Edgü'ye yazdığı mektuplar da *Her Şeyin Sonundayım* (2010) başlığıyla yayımlandı. *Çocukluğun Soğuk Geceleri* 2011 yılında Fransızcaya, 2015 yılında İtalyancaya çevrildi.

Tezer Özlü'nün
YKY'deki kitapları:

Eski Bahçe-Eski Sevgi (1993)
Yaşamın Ucuna Yolculuk (1993)
Çocukluğun Soğuk Geceleri (1994)
Kalanlar (1995)
Leylâ Erbil'e Mektuplar (1995)
Zaman Dışı Yaşam (1998)
Yeryüzüne Dayanabilmek İçin (2013)

Tezer Özlü'ye Armağan (haz. Sezer Duru, 1997)

TEZER ÖZLÜ

Yaşamın Ucuna Yolculuk

Anlatı

YAPI KREDİ YAYINLARI

Yapı Kredi Yayınları - 246
Edebiyat - 29

Yaşamın Ucuna Yolculuk / Tezer Özlü
Bu kitap yazarın Almanca kaleme aldığı
"Auf dem Spur eines Selbsmords"
(Bir İntiharın İzinde) adıyla
1983 Marburg Yazın Ödülü'nü alan metnin Türkçesidir.

Kapak tasarımı: Nahide Dikel

Baskı: Promat Basım Yayım San. ve Tic. A.Ş.
Orhangazi Mahallesi, 1673. Sokak, No: 34 Esenyurt / İstanbul
Sertifika No: 12039

1. baskı: 1984 (Ada Yayınları)
2. baskı: 1987 (Ada Yayınları)
YKY'de 1. baskı: İstanbul, Mayıs 1993
31. baskı: İstanbul, Ekim 2017
ISBN 978-975-363-154-5

Yapı Kredi Kültür Sanat Yayıncılık Ticaret ve Sanayi A.Ş.
İstiklal Caddesi No: 161 Beyoğlu 34433 İstanbul
Telefon: (0212) 252 47 00 Faks: (0212) 293 07 23
http://www.ykykultur.com.tr
e-posta: ykykultur@ykykultur.com.tr
İnternet satış adresi: http://alisveris.yapikredi.com.tr

Yapı Kredi Kültür Sanat Yayıncılık
PEN International Publishers Circle üyesidir.

YAŞAMIN UCUNA YOLCULUK

I

Yılın bu en güzel ilkbahar gününde bir an, bir saat ya da süresizlik gibi algıladığım bu belirsiz sürede "Acının Durgunluğu"nu okurken tüylerim ürperiyor. Pavese'nin doğduğu gün doğduğumu şaşarak öğreniyorum: 9 Eylül. Ben geceyarısından sonra. Ama Anadolu'da geceyarısı geçtiğinde, S. Stefano Belbo'da henüz belki de geceyarısı olmamıştı. Aynı gün. Aynı yıl değilse de. Ben, onun intiharından yedi yıl önce. Niçin burada hep Pavese okuyorum. Zamanı kaldıran olgu, hep benimle birlik kılıyor onu. İstanbul'da da onu okumadım mı. Yüreğimin atışlarını, gözümün algıladığı tüm görüntüleri yalnız onun çizdiği resimlerle, onun biçimlediği tümcelerle, onun bulduğu sözcüklerle birleştiriyorum. Nedir. Benliğimi bu denli onunla özdeştirmemin nedeni nedir.

*"Her caddenin kendine özgü bir görüntüsü vardır. Her tepe başlı başına bir kişiliktir..."** diyor.

Yaşamının herhangi bir mayıs gününde Nis kentine gelip, geniş bulvarlarda durmadan Akdeniz'e doğru yürüdüğün gün, bunu algılamamış mıydın. Her evin, her malikanenin penceresini, açık, kapalı pencerelerini, içlerinde ne gibi insanların oturduklarını incelemeye çalıştığında. Adımlarınla birlikte onların öykülerini usunla kavranamayacak çabuklukla geliştirdiğinde, kendiliğinden oluşan, sana ait olmayan bu öykülerle, insanların

* Metinde yer alan tüm italikler CESARE PAVESE'den alıntılardır.

yalnızlığını, yaşlılığını, ölümünü, mutluluk arayışını, yoksulluğunu, adımlar boyu, bulvarlar boyu öykülediğinde. Her caddenin, her evin adını tek tek okuduğumda. Cenova kenti ile ilgili ne gibi resimleri tutabildin belleğinde. Yorgunluktan Akdeniz'i bulamadığın, gri, kirli egzoz gazlarının kokuttuğu sokaklarda yürüdüğün, duvar yazılarını okuduğun ve İstanbul'u anımsadığın Cenova kenti nasıl yaşıyor şimdi içinde. Caddelerinin, İstanbul'un Galatasını anımsattığı, karanlık ve yağmurlu sabahlarda, güney rüzgarı esen bir kış, sonbahar ya da ilkbahar günü rüzgarla esmek istediğin o günlerde, karanlık koridorlarına girdiğin okul sokağını düşündüren Cenova.

Kenti şimdi nasıl anımsıyorsun. Sokaklarda iyi bir otel aradığın, ama bulamadığın bu kenti nasıl anımsıyorsun şimdi. Otellerin dışları görkemli, ama içlerine girilince hemen eskimişlik, bırakılmışlık kokuyor. Sonra o loş, o yaz günü bırakılmışlığı içinde bekleyen salonlardan bir ihtiyar otelci yanaşıyor. Beliriyor. İhtiyar parfüm kokuyor. Dışarısı sıcak. Otel salonları küf kokuyor. Nem kokuyor. Otelin derinliklerine adım atıldıkça büyüyor, büyüyor bu nem kokusu. İhtiyar pasaportunu istiyor. Adını bir kağıda yazıyor. Sana imza ettiriyor. Artık arayamayacaksın. Akdeniz'i bulamadığın gibi, iyi bir otel de bulamayacaktın bu kentte. Seni merdivenlerden yukarıya çıkaracak. Belki de bir asansöre bindirecek. Merdiven altında küçük bir odada kendinle bırakacak. Böyle bir otelde uyumuştun. Yüzlerini hiç görmediğin insanların ayak seslerini, öksürüklerini ve belki birkaç sözcüğü mırıldanışlarını işiterek. Uykuyu aradığın odanda, bu Akdeniz kentinin nemli yalnızlığında, denizi bulmadığın kentte.

Sen tüm kentten daha yalnızdın. Okyanus gibi bir yalnızlık. Otele yeniden dönmeden önce, dörtyol ağzında bir kahvede oturmuştun. Ne içtiğini anımsıyor musun. Bira. Campari. Sokak lambalarının aydınlattığı caddede, tam karşında bir otobüs durmuş, içinden bir futbol takımının oyuncuları inmişti. Onlara bakmıştın. Sonra genç işçilerin ve çırakların cumartesi gecelerini geçirdikleri bir lokale girmiştin. Kimi belki masa futbolu oynuyordu. Kentin sokak duvarlarındaki yazıları bilmediğin dilde okuyor, ama anlıyordun. Eskimiş, kirlenmiş duvarlar üzerindeki büyük yazıları. Pazar sabahı uyandın. Sıcaklık henüz odana erişmemişti. Belki de güneş ve yaz sıcağı bu odaya yıllardır hiç erişmemişti, erişemeyecekti. Sonra bir kahveye uğramış ve biraz ötedeki istasyona varmıştın. Sevdiğin tren istasyonlarından birine. Bavullarını alıp, pazar sabahının terk edilmişliğinde peronu bulmuştun. Sonra tekerlekli araba içinde bebekler satan bir İtalyan geldi yanına. Yaşamı boyunca hep senin gibi bir kadını özlediğini söyledi. Benimle kal, dedi. Cenova tren istasyonunda.

Şimdi Berlin'de, yılın bu en güzel ilkbahar gününde neden yıllar sonra ilk kez bu bebek satıcısını anımsıyorum. Ve bana geceler yetmiyor. Günler yetmiyor. İnsan olmak yetmiyor. Sözcükler, diller yetmiyor. Bir an balkona çıkıyorum. Güneşin Berlin yapıları gerisinde nasıl batmaya uğraştığını görüyorum. İnsanlar arabalarını park ediyor. Renkli, yeni arabalarını. Park ediyorlar ya da hareket ediyorlar. Yaşlandıkça insanlarla aramdaki uçurum büyüyor. Arabalardaki, uçaklardaki, resmi dairelerdeki, otobüslerdeki, dükkanlardaki, caddelerdeki insanlarla aramdaki uçurum. Eşyalarla da öyle. Bazı günler elime bir et parçası alamıyorum. Ya da o bütün bir cesedi andıran tavuklar. Kızartabiliyorum, ama yiyemiyorum.

Yolculuklara dönüyorum. Kentlerden sakladığım resimlere.

Duramam.

Dün Berlin'de geçirdiğim Nisan ayının ilk pazar gününde artık bundan böyle acıları mutluluk olarak nitelendirmeye karar verdim. Yaşamımın en mutlu anlarında da aynı güçle acıyı duymadım mı. Ve acıların ötesinde bir beklenti vardı: Kendi dünyamın beklentisi. Kendi odamda içebileceğim sabah çayının beklentisi. Sinir hastanelerinin kantinlerinde, teneke çayı, kendi odamda içmek istiyordum. Kimse senin kadar güzel, hiç kimse senin kadar canlı gitmedi ölüme.

Dün uzun süre balkonda oturdum. Storkwinkel'deki evin balkonu yarısına kadar örülmüş bir hücreyi anımsatıyor. Gökyüzüne açık bir hücreyi. Ağaçların tepeleri görünüyor. Bugünlerde yavaş yavaş çıplaklıklarından sıyrılmaya çalışan ağaçların. Zaman zaman kendimi tüm insanlıktan daha güçlü duyuyorum, ama kendimi aynı anda çıplaklıklarından sıyrılmaya çalışan ağaçlar kadar da bırakılmış duyuyorum. Özellikle ben'in, ben'i bıraktığı anlarda. Ya da ikisi bütünleştiğinde. Ve birdenbire, şimdiye dek hiç algılamadığım bir duygu gelip beni buluyor:

Bırakılmışlığın Tadı

Böylesi bir duyguyu şimdiye dek hiç algılamamıştım. Ne benim, ne de çevremin yaradılışıyla bağdaşmazdı. Ama gökyüzüne açık bir hücreyi anımsatan bu balkonda otururken, Storkwinkel'de çıplaklıklarından sıyrılmaya çalışan ağaçların tepelerine baktığımda, Berlin sokaklarının, pazar günlerinin bırakılmışlığında esen rüzgarı tenime değdiğinde, birden yeni bir duygu oluştu.

Kalkıyorum. Diğer evlere, diğer balkonlara bakıyorum; tüm balkonlar, insanların birbirini göremeyeceği biçimde örülü. Yeniden beyaz koltuğa oturuyorum, bu yeni duyguyu içime sindiriyorum. Uzun bir gece. Uzun bir gün var ardımda. İki saat uyuduktan sonra, Luftbrücke Alanına gidiyorum. Aynı otobüsle döneceğim. Otobüsün alanda beklediği süreyi, ben de biletçisi ile birlikte inip, boş, cansız, yeşil alanın kenarında durarak geçiriyorum. Sabah henüz serin ve erken. Otobüs biletçisi Alman köylüsünü anımsatan bir adam. Ama kulağına pırıl pırıl bir küpe taktırıp, günün erkek modasına ayak uydurmuş. Otobüs duraklarının adlarını çok erotik bir sesle söylüyor. Sevimli bir insan. Halensee'ye vardığımızda, ben otobüsün önünden karşıdan karşıya geçmek isterken, birbirimizi insancıl bir duygu, sanki anlık bir anlayışla selamlıyoruz. Onun Berlin bulvarlarında otobüs sürdüğü daha sonraki saatlerde, artık bundan böyle acıları mutluluk olarak nitelendirmeye karar veriyorum.

"Çevreyi tanımlamak değil, duygularla yaşamak gerekir..."

Her sevginin başlangıcı ve süreci, o sevginin bitişinin getireceği boşluk ve yalnızlık ile dolu. Belirsizlikler arasında belirlemeye çalıştığımız yaşam gibi. Sevgi isteği, kendi kendine yaşamı kanıtlama dileği kadar büyük. Belki kendilerine yaşamı kanıtlamaya gerek duymayan insanlar, sevgileri de derinliğine duymadan, acıya dönüştürmeden yaşayıp gidiyorlar. Ya da sevgiyi sevgi, beraberliği beraberlik, ayrılığı ayrılık, yaşamı yaşam, ölümü ölüm olarak yaşıyorlar. Oysa yaşam ölümle, ölüm yaşamla tanımlı. Ama sen. Senin için her beraberlik ayrılış, her ayrılış beraberlik, sevgi sevgisizlik, duyum duyumsuzluğun başladığı an. Birisinin teniyle yanyana olmak, kendi var oluşumu unutmak mı. Ya da daha derin algılamak mı. Kendi var oluşum. Her var oluş kendisiyle birlikte ölümü getirmiyor mu.

Yaşamın, daha doğrusu yaşamın ortasında, tüm özlemlerimin doyumsuz kaldığını nasıl da algılıyorum. Ama artık yorulmaksızın aramak yok. Aranan yaşantılar arandı. Yaşandı. Bir kısmı gömüldü. Yeniden toprak oldu. Canlılıklarını duyduğum, canlılıklarını birlikte bölüştüğüm birtakım insanlar gitti. Onlar adına, onları da özlemek, onlar için özlemek, onlar için de sevmek. İnsan yaşamının mutlak en önemli olgusu sevilen bir insanı özlemek, istemek. Onun yanındayken de özlemek, istemek. Oysa yaşam genellikle insanın bir başına kalması. Uykuda. Uykuyu ararken. Derin uykuların ötesinde bile zaman zaman düşünde sezinlemiyor mu insan birbaşınalığın çaresizliğini. Yollarda. Okurken. Pencereden caddelere bakarken. Giyinirken. Soyunurken. Herhangi bir kahvenin içinde oturan insanlara gelişigüzel bakarken. Hiçbir şey aramazken. Herhangi bir kahvede oturan insanları görmezken, başka olgular düşünürken... Yosun kokusunu yeniden duymaya çalışırken, bir kavşakta karşıdan karşıya geçerken, arabalar dünyasında yaşadığını son anda algılarken, büyük bir bulvarın tüm kahvelerinde oturanlardan hiçbirini tanımazken, bir mağazadan gelişigüzel yiyecek seçerken, ya da bir satıcıdan herhangi bir malı isterken, aynı anda özlem ve yalnızlıkları düşünürken, gidenleri, gelenleri, bölünenleri, ölenleri, doğanları, büyüyenleri, yaşamak isteyenleri, yaşamak istemeyenleri özlerken, severken, sevilirken, sevişirken, hep yalnız değil miyiz.

Yaşam özlemini doyuracak bir olgu mümkün mü.

Yirmi yıl sonra aynı şarkılar çalıyor. Elli üç yıl öncesi çekilmiş bir film gösteriliyor. Yirmili yılların, ellili yılların giysileri vitrinleri dolduruyor. Açlık, savaş, geri kalmışlık ve inanılmaz felaketlerle ilgili haberleri kitleler, masal dinler gibi dinliyor. İşte böylesi bir yaşam önümüzden gelip gidiyor. Sen kendi duvarlarının gerisine çekiliyorsun. O, kendi duvarlarının gerisine çekiliyor. Bir başka kentte. Bir başka ülkede. Herkes bir başka kentte. Herkes bir başka dili konuşuyor. Ya da anlamaya çalışıyor. Aynı dili konuşan iki kişi yok. Her sözü, insanın kendisi için söylediğine inanıyorsun. Her söylenen söz, bir biçimde insanın kendi kendini onaylaması. Karşısındakine birşey anlatmak istese de, gene kendi gerçeğini, bilmişliğini ya da doğru algılayışını kanıtlamak için söylenen sözler. Bir bedenin üzerinde dolaşan her el, kendi bedenini okşamak istercesine dolaşıyor öteki beden üzerinde.

Doyum içinde ayrılacağımı sandığım bu yaşamdan, zaman zaman algılıyorsun ki, hiç de doyumla ayrılamayacaksın. Hiç yaşanmamış gibi. Doymak mümkün mü.

Daha sanki hiçbir şey, yaşamın hiçbir olgusu, algılanan, duygularla tutulan güçle kavranmamış, yaşanmamış.

Niçin bugün, yaşamın, tüm yaşamın önünden geçip gittiğini, artık ölümü beklemekten başka birşey olmadığını, her gün gibi, bir kez daha anıyorsun. Yaşam, zamansız. Yaşamın hiçbir zamanı yok. Çocukluk, kadınlık, erkeklik, yaşlılık, yaşam, ölüm, sevgi, sevgisizlik, doyum, doyumsuzluk, her şey iç içe.

Akıl, delilik, varlık, boşluk iç içe. Kuzey Avrupa'nın beyaz geceleri gibi. Kararmayan havanın ardından, hemen gene, günün ağarması gibi.

Yazarken, öykü anlatacak değilsin. Çevre öykü dolu. Her insanın her günü öykülerle dolu. Çevreyi tanımlamak da istemiyorum. Boş, taş örgüsü, gri beton bir duvar bile tanımlamalarla dolu. İnsan beyninin küçük bir kıpırdanışı yeter. O duvar üzerinde her şeyi görmek için. Çocukların ağaçlı bahçelerini, çocukların yaşam bekleyişlerini, hastaların sabırsızlıklarını, yaz güneşinin sıcaklığını, gökyüzünün doyumsuz bütünlüğünü, bulutların biçimlerini görmek için. Gözlerini yumuyorsun. Görüyorsun. Açıyorsun. Tanımlamalar uzuyor, geçmiş zamanın, anın, gelecek zamanın zamansızlığında yitiyor.

Böylesi bir kişiyi ne kadar süre taşıyabileceksin. Hiç doyumsuz. Seni yoruyor. Karşılıklı yoruyorsunuz birbirinizi. Ben onu tüm kentlerde dolaştırdım. Gölcük'ün Bozdağlarından, mavi küçük gölünden, dağlar gerisinde kendisini kaybetmek isteyen sinirli ninesinin yanından aldım, yaşamın en derin gecelerine, en uzak kentlerine, en genç insanların sevgilerine, en erken sabahlarına getirdim. Gene de doyumsuz.

"Acımın derinliğinde, benim için artakalan hiçbir şey yok.
Yalnızlığımı algılamamın gururu bile."

O zamanlar gençtim. Gençlik denen olguya inanıyordum. Mutlu ve mutsuzdum. Gezdiğim, dolaştığım tüm kentlerde onu taşıdım sokaklarda, alanlarda, kahvelerde, yapıların içinde, merdivenlerde, gölgelerde ve yağmurda ve rüzgarda ve parlak güneş ışığında ya da soğuk güneş altında. Onu taşıdım ve gözetledim. Onu kahvelerde, masalara oturttum. Onu caddelerin kavşaklarında durdurup, yapıların yüzlerine baktırdım. Uzun, uzun. Ona birçok kentin birçok alanını, bulvarını, sokağını, insanlarını, rüzgarlarını, gecelerini, sabahlarını, sonbaharda bulutlarının aldığı biçimleri, bulutlar arasından sızan ışıklarını, tepelerini, istasyonlarını, deniz kıyılarını, sevgilerini araştırdım. Doyumsuz bir kaygıyla ona yeryüzünü araştırdım. Ona işkence ettim. Uykusuz bıraktım. Ya da acıların uzun uykularını uyuttum. Sevmediği tenleri okşattım. Onu yaşantılar ardında koşturdum. Bu yaşantıların içimdeki kıpırdanışlar gücünde olamayacağını bilmeme karşın. Çünkü o sokaklarda, o alanlarda, o istasyonlarda, o havaalanlarında, limanlarda, sahillerde, geceye bürünmeye başlayan günlerde içimdeki kıpırdanışlara yanıt verebilecek bir yaşam yok. Böylesi bir duyguyu anlatmama olanak da yok. Karşıma çıkan her şey yetersiz. Soluduğum her şey yetersiz. Dalgalar, odalar, mekanlar, sevgiler yetersiz. Suların tadı yetersiz. Günlerin uzunluğu yetersiz. Haftaların günleri yetersiz. Ona birçok bedeni sevdirdim. Bir metro istasyonunda yaşlı bir kadının arkasından baktırdım onu. Mırıldanıyordu kendi kendine:

"Yüzyıllardır durup gelen bu karanlık metro istasyonları bile doyumsuzluk ve özlem dolu."

Onu gözetledim. Çocukken elma bahçelerinde. Baş döndüren salıncaklarda. Küçük burjuva ailenin yemek masalarında. Anlaşmazlıklarında. Yaşam çabalarında. Uykusuz gecelerde. Uykunun derinliğinde. Her zaman canlı, her zaman somut bir olguya yaklaşmak isteyen kadını gözetledim. Kimseyle değil, ama yalnız kendi kendiyle kadın olan, kadın kalabilen insanı gözetledim.

Berlin'in ilkyaz akşamının uzantısında, kentin gökyüzü ile birleştiği doğrultuda yükselen üç baca gerisindeki ay sıcak.

Bacalar ve gerisinde durduğum pencere arasında evlerin çatıları, üst katlarının gri ya da sarı duvarları, ağaçlar, çatıları aşan yüksek ağaçlar ve görülmeyen caddelerden yükselen ve hiç bitmeyen ve hiç bitmeyen bir araba akışının gürültüsü var. İşte yeryüzü. Gerisini düşünmeye gerek yok. Kent, gerisini düşündürmüyor. Ben ise bırakıyorum onu. Hemen bir kitabın adını düşünüyor: *"Tender is the night"*. Bu evin geniş odaları. Hangi evlerin hangi duvarlarını anımsatıyor. Gece, Berlin'deki bu düz duvardan oluşmuyor. Anadolu evlerinin tahta üzerine sıvanmış duvarları. Sıkıcı kentleri, zamanın duruşunu ve çocukluğun korkularını anımsatan duvarları. Büyük Avrupa kentlerinin müze duvarları, galeri duvarları. Ölü duvarlar. İnsanın soluğunu daraltan duvarlar. Duvarlar yaşamımızdaki mezarlar mı. Kent sokaklarında çıkan her benlik değiştirilmiş, takınılmış bir kişilik değil mi. Duvarlar gerisinde en çok kendimiz olmuyor muyuz. En çok duvarlar arasında direnmiyor, en çok duvarlar ardında duymuyor muyuz. Duvarlar ardında bu doyumsuz yaşamdan soluklar alarak ve alamayarak ayrılmayacak mıyız. Ona gene bir şiiri anımsatıyorum.

"Do not go gentle into that good night."

Hiçbir kent insana Berlin kadar ölümü, hiçbir kent insana Berlin kadar yaşamı düşündürmüyor. Her duvar dar. Her duvar kapalı. Her duvar insanın üzerinde bir baskı. Bu kentin her yerine daha önceki duvarlarımla birlikte gidiyorum. Ana babamın evinin dar duvarlarıyla. Evliliklerin bunaltıcı duvarlarıyla. Büroların sigara kokan duvarlarıyla. Okulların acımasız duvarlarıyla. Evlerin, hapishanelerin, önlerinde insanların asıldığı, kurşunlandığı duvarlar. Hastane duvarları. Tımarhane duvarları, mermer duvarlar, yoksul evlerin duvarları, ihtiyarlar yurdu duvarları, kulübe duvarları, gecekondu duvarları, kent duvarları, sistemlerin duvarları.

Berlin gecesinde oturuyorum ve gökyüzüne doğru Don Giovanni'yi bağırtıyorum. Haziran alacakaranlığında. Onunla birlikte içimdeki her şeyi bağırıyorum. Susmamla.

Aynı gökyüzünün dünyanın tüm ülkelerini kapsamasına olanak var mı. Tüm yüzyılların, tüm özgürlüklerin, tüm savaşların, tüm cezaların, tüm haksızlıkların, tüm yiyeceklerin, tüm açlığın, tüm yoksulların ve acıların hâlâ var olduğu bugünün dünyasını aynı gökyüzünün bürümesine olanak var mı.

Gece, az sonra Berlin'in yeni ve eski yapıları üzerine inecek. Bu gece, bazı yaşlı kadınlar evlerinde tek başına belki ölümü bulacak. Bazıları yarın bir parkta, bir ağaç gölgesinde bir başlarına oturup dondurma yiyecekler. Kavrayamadıkları dünyalarına yalnızlıklarının derinliğinden ya da bunamışlıklarının acısından bakacaklar. İnsanın kucaklamak istediği bir gece. Yumuşak bir haziran akşamında Berlin çatılarına doğru yaklaşıyor. Bu müthiş kente doğru. Yarısı Doğu, yarısı Batı, arası Türkiye olan kente doğru.

All is the same
Time has gone by
Some day you come
Some day you'll die.
Some one has died
long time ago.

Herhangi bir yerde güneş duruyor. Tanıdığımız tek güneş. Ama güneşi düşünmüyoruz. Oysa erken gelmiş yazın sıcaklığını algılıyoruz. Yumuşak bir sıcaklık. Ve onunla birlikte acımızı da. Çevre yolu yakınında bir tahta sırada öylesine oturuyoruz. Arabalar müthiş bir yoğunlukla akıyor. Birlikte böylesine oturmamız acımızı dayanılır kılıyor. Benimki hiçbir zaman onun acısı kadar büyük değil. Arabaların akışı bizi hiç tedirgin etmiyor. Yarım metre ötemizdeki günlük yaşamla hiçbir bağlantımız yok. Gürültülü, anlamsız bir canlılık içinde, egzoz gazı kokan bir yaşam bu. Havel Şosesi yakındaki çevre yolu üzerinde. Öylesine oturuyoruz tahta sırada. Herhangi bir kentte. Varoluşun herhangi bir zamanında. Bildik güneş ısıtıyor bizi. Gerideki yaşamı tümüyle unutmuş, ne geçmişi, ne geleceği düşünüyor, öylesine zaman, an içinde oturuyoruz. Durgun sessizlik içinde. Pazar günü trafiğine karşı. Bize ulaşmıyor ses. Asfaltın karşı kıyısında uzanan ağaç gölgeleri hangi dünyaya ait. Bisiklet yarışı yapan bu insanlar hangi dünyadan gelip geçiyor.

İki gün öncesi, yağmurda aynı şose üzerinde "Eski Aşk" meyhanesini bulmuştuk. Bir gemi. Haliç kıyısında da olabilir. Bakımsız bir durumda. Yılların birikimi kokuyor. Uzun yılların. İriyarı, çok şişman, bembeyaz tenli bir kadın barın gerisinde. Hizmet eden oğlu olmalı. Gözleri tıpkı annesi.

— Meyhane kaç yıllık, diye soruyorum hemen.

— Yirmi beş, diyor.

Kuşkum kalmıyor. Demek Berlin'de sevdiği meyhane burası. Herhangi bir kentin, sakinlerinin çoğunluğunu işçilerin oluşturduğu bir semtinde de olabilir. Demek burası. Bu kente geldiğinde en çok burada oturmaktan hoşlanıyordu. Artık oturamayacak. İki hafta önce öldü.

"Eski Aşk" meyhanesinden Havel Kanalının gri sularına bakmayacak. Yaşı olmayan bir insandı. Ölüm gibi. Havel'in karşı kıyısına bakmayacak ve bir zamanlar bu kenti bırakmak zorunda kaldığı Zoo İstasyonunu düşünmeyecek.

İşte Berlin burada. Tüm genişliği ile yayılıyor. Duvarların çevrelediği kent. Kendine yabancı insanların çevrelediği kent. Dünyanın tüm kentlerinden daha yalnız insanlarıyla, işte uzanıyor Berlin.

Kimse her insanın yaşamının ortak yanları olduğunu düşünmüyor. Özlem. Acı. Diğer sözcükleri kullanmıyorum.

Çok büyük sözcükler. Çok büyük olguları çağrıştırıyor. Çevre yolu kıyısındaki tahta sıraya dönüyorum.

Güneşin yumuşak sıcaklığına.

Onunla da "Eski Aşk"a gitmek istiyorum. Otobüs bekliyoruz. Ama hiçbir şey beklemiyoruz. Ölümünü düşünüyor, ölümünü konuşuyoruz. Ceketlerimizi çıkarmışız. Sıcağın tedirgin ediciliğini duymuyoruz. Algılamıyoruz bile. Öylesi bir zaman kesiti içindeyiz. Gelip bizi resim gibi bulan zamanın kesiti.

Bir yığın otobüs gelip geçiyor. İçlerinde başları örtülü, acıklı yüzlü Türkler de var.

Ben onunla "Eski Aşk"a gitmek istiyorum. Sanki onu da bulacağız. Güneşin ısıtmadığı İskandinav kentinde ölen. İnsanların birbirlerinin yüzüne bakmadığı kuzey kentinde. Bir akşam alacakaranlığında, yapıların siyah gölgeleri gerisinde gökyüzünün en güzel kızıllığıyla karşılaştığım kuzey kenti. Burada onu görüyorum. Zoo İstasyonunda Londra'ya sığınmak üzere kentten ayrılırken. Ve onu burada görüyorum. "Eski Aşk"ın pencere kenarında otururken. Piposunu içerken. Gözlükleri gerisinden çevreye bakarken. Ve her şeyi birden düşünürken.

Yarın Haziranın son günü. Gene yağmur yağacak. Saatin bir olmasına yedi dakika kaldı. Pencere açık. Karşımda fotoğrafı asılı. Kafka ve Brecht'in resimlerinin önünde çekilmiş. Yan duvarda bir film afişi. Siyah beyaz. Tren raylarını gösteriyor. Bu afişi ben asmadım. Buraya geldiğimde vardı. Tren raylarını severim. Bağımsızlığı, gidebilmeyi, kalmak zorunda olmamayı, uymak zorunda olmamayı anımsatır. Tren rayları bir tür bağımsızlıktır benim için.

Yan duvarda Pavese'nin kitaplarından çıkarıp büyük harflerle yazdığım alıntılar asılı. Onun intiharı da işte burada.

Odamda.

Cohen şarkılarını söylüyor. Yerde duvara dayalı bir resim. Akdenizimi gölge ve güneş ayırımlarıyla gösteren bir fotoğraf. Sonra Rulfo'nun üç fotoğrafı. Yatağın yanında gene o. Fotoğrafların birinde güçlükle tanınıyor. Kırk sekiz yaşında çekilmiş olmasına karşın çok genç. Yaşsız. Diğer fotoğraflar yüzünün ölümden önceki gerginliğini yansıtıyor. Sonra Frida Kahlo'nun kitabı.

İki şişe. Biri maden suyu. Diğerini söylemeyeceğim.

Havel Şosesi kenarında oturuyoruz. Dostluğumuzdan başka hiçbir şey yok algıladığımız. Onu "Eski Aşk"a götürmek istiyorum. Ama otobüs gelmiyor. Sanki orada büyük acısını azaltacak bir ortam var. Ya da acısıyla ortam bağdaşacak.

Geceler ve kentler geçip gider. Şimdi Ay Işığı Sonatı var odamda. İki gün sonra Güneydoğu Asya'ya gidecek. Acısını da birlikte götürecek. Modern ve soğutma aygıtı olan bir otelin kişiliksiz bir odasında acısını gene bulacak. Duştan çıkınca, aynada, onun kedi gözleri bakacak. Yatağa uzanacak. Onu özleyecek. Güney Almanya'da toprak altında yatan onu. Sonra otel terasının sıcaklığına bırakacak kendini.

Şimdi Ay Işığı Sonatı burada. Ve biz daha Havel Şosesi kenarında oturuyoruz. Güneş, dostluğumuzu ısıtıyor. Başka da birşeyimiz yok.

Kantstrasse'ye doğru gittiğimiz otobüs kalabalık. Pazar insanları ile dolu. Neşeli ve yorgun onlar. Ayaktayız.

— İki haftada elli yıl yaşlandı. Otuz sekiz yaşında girdiği hastanede iki hafta sonra seksen sekiz yaşında öldü. Gözleri öylesine çukura kaçtı, başının arkası eriyip gitti...

Otobüs dolu. "Eski Aşk"a gidecek otobüs geldi, ama önümüzde durmadı.

Asfalt yolda kente doğru gidiyoruz. Ağaçlar, "Eski Aşk"ı aradığımız yerde kaldı. Ağaçlarla birlikte gölgeleri de.

Şimdi burada Ay Işığı Sonatı var. Uykuyu bulmaya çalışacağım. Belki dışarı çıkarım. Belki. Acaba bu gece, saat ikide nasıldır Berlin. Duvarlarını nöbetçiler bekliyordur. Ve hemen duvarlarının yanında Türkler uyuyordur karanlık evlerinde. "Eski Aşk" Havel Kanalı üzerinde. Şişman sahibesi dalgaların küçük kıpırdanışı ile birlikte uykudadır. Belki oğlu bir kadını okşuyor.

"Öykü ve şiir yaratmak için doğmuş olanlar, aşık olmakla yetinemezler, çünkü aşkın sanatsal bir yapıtı oluşturacak entelektüel örgüsü yoktur."

Her anı ölüdür.

Şimdi sen de bir anısın. Sen de ölüsün. Her zaman benimle birlikte olan, birlikte taşıdığım, yaşadığım sözcüklerime dönmem gerek. Sözcüklerim olmadan o gökyüzüne nasıl dayanabilirdim. O caddeye, o geceye, gecelere, uykuyla uyanıklık arasında öylesine yatıp uyuyamadığım için sinirlendiğim ve her şeyi düşünüp, kalkıp düşündüklerimi sözcüklere çeviremediğim gecelere. Ya da uykunun ölümsü derinliğinde var oluşumuzun küçüklüğünü algıladığım gecelere. Bu yaşam, beni ancak içimde esen rüzgarları, içimde seven sevgileri, içimde ölen ölümü, içimden taşmak isteyen yaşamı, sözcüklere dönüştürebildiğim zaman ve sözcükler, o rüzgara, o ölüme, o sevgiye yaklaşabildiği zaman dolduruyor.

Başka hiçbir şey.

Şimdi sen bir anısın. Tenin herhangi bir yerde sürdürecek yaşamını. Hiçbir sevginin ardından gidemem. Sevgi inandırıcı değildir. Düşüncelerin bulduğu, düşüncelerin biçimlendirdiği bir durumdur. Düşünüldüğü oranda büyür, derinleşir, büyütülür, derinleştirilir. Ne denli düşünülürse, o denli büyür. O denli dayanılmaz boyutlara ulaşır, ulaştırılır. Gerçekleştirilemez. Soyutlaşır. Ve hiçbir zaman bitmez. Yaşam gibi. Ölüm gibi.

"İnsan sevgiye biri yanımızda olmadığından acı çekene dek dayanır; oysa gerçek yalnızlık dayanılmaz bir hücredir."

Gövdeler iç içe girdiğinde de sevginin gerçekleşmesi olanaksız mı. O sonsuz boşalma anında da sevgi doyumsuz, insan yalnız mı. Doğum anında. Ölüm anında.

Sevgi, istenilen bir olguya da aktarılır, aktarılabilir. Çeşitli anlara, çeşitli insanlara, çeşitli kentlere, caddelere, tepelere aktarılabilir. İnsan ne denli derin düşünebiliyorsa, sevgisi o denli derindir. O denli doyumsuzdur. Ve acısı da o denli büyük. Yaşam acısı.

Özlem duymuyorum. Bir beklediğim de yok. Acı da duymuyorum. Açlık da. Uyku da. Ama belki de her şeyi bürüyen bir acı. Beni. Caddemi. Odamı. Resimlerimi. Anılarımı. Çocukluğumu. Çocuğumu. Kanımı. Benliğimi. Ah, derinliğinde duygular aradığım benliğimden de öte, benliğimden de büyük. O zaman uzun gecelerin o güzel teni ile karşılaşıyorum. Sonunda bizi güneş ışıklarının bulduğu gecelerin. Ya da arka avludaki çıplak ağacın. Şimdi sen ölü bir anı olmak istiyorsun. Başka kentlerin başka sınırlarından arıyorsun. Daha uzaklara gitmek istiyorsun. Benim geçmişimin kentine. Benim güçlüklerimin kentine. Çocukluğumda gördüğüm ilk büyük kente. Varır varmaz küçük taşra kasabalarına özlem duyduğum kente. Gecekonduyu andıran bir eve geldiğimizde. Babamın akrabalarının yanına. Geldiğimiz gün. Bir gece önce akrabalardan birinin çocuğu ölmüştü. Karanlık odalardan birinde üzerini beyaz bir çarşafla örtmüşler, öyle bekliyordu. Annesi bitişik odada ağlıyor, biz çocuklar holde oynuyorduk. Kapı hep aralansın, küçük çocuğun cesedini görebileyim istiyordum. Bir büyük korkuyla karışıktı bu özlem. Ölümün bana ilk kez kaldığım evde bir çocuk cesedi olarak göründüğü yağmurlu bir gün. Dokuz yaşında bir çocuk cesedi. Kitaplarımın evin dar koridorunda tozlu raflarda dizili durduğu büyük kente gitmek istiyorsun. Akşamın alacakanlığının yaklaştığı saatlerde tepelerimin daha da belirginleştiği, ağaçlarımın tek tek gölgelerini seyrettiğim ve kendi kendime: "İşte öleceğin yer burası. Nerede olursan ol, ölmek için, kendi ölümünü bulmak için bu tepelere dön" dediğim kente.

Dünyayı o kentte algıladık. Tramvaylara bindik. İlk insan kalabalığı arasında yittik. Sonra insanların birbirinden ne denli farklı olduğunu sezinledik. Genç olduk. Kahvelere, meyhanelere gittik. Sanatçılara baktık. Geceleri onların gittikleri barlara gittik. Şimdi, bu sanatçıların kimi öldü, kimi de ırak ülkelere gitti. O kentte, ilk kez erkek bedenlerini sevmeyi öğrendik ya da denedik. Evlendik ya da boşandık. Her şeyle alay edebildiğimiz geceler oldu. Kimimizin sinirleri bozuldu. Kimimiz kanserden öldü. Orada politikayı yaşadık. Yasak şiirlerle. Bir avuç insan hakkı ile. Ama her şey içimizde büyüdü. Büyüdü. İnsan sevgisi zaman zaman yalnızlığımızın boyutlarını aştı, zaman zaman da insanlar yalnızlığımızı birbaşınalığımızdan daha derin, daha dayanılmaz boyutlara iteledi. O zaman kentin denizlerini izledik. Dalgaların köpüklerinin sonsuzluğu anımsattığı bir zaman ışığında. Kuzey rüzgarının mavi-yeşile bürüdüğü suların yüzeyinde. O kentte kimse mutlu olmadı, ama kimse de mutsuz değildi. Çünkü kimse inanmaz mutluluğa. O kenttesin. Bana kış mevsiminin ve ölümlerin şarkılarını bırakıyorsun.

"Şimdi çocukluk beklentilerini yeniden buldum, bulvarların ve evlerin öte yakasında..."

Bulvarların ve evlerin uzantısında çocukluk sorularımın yanıtını buluyorum. İçimdeki çocuk konuşuyor: İşte yaşam burada. Sınırsız varoluş. Çocukluk resimlerinde sınırlı olan varoluş. Ama şimdi sonsuz işte. Sonsuzluğu yakalayabilen için. İşte burada. Ev sıraları biçiminde... geniş bir cadde biçiminde, çıplak bir ağaç biçiminde. Yaşlı bir kadın biçiminde. Bir sarhoş biçiminde. Sen çocukluğunun özlemi içinde özlemeye devam ediyorsun...

Çocukluğumda, ortasını bir duvarın böldüğü bir kent resmi yoktu. Yalnız ve yaşlı kadınların resmi yoktu. Her an bırakılmışlık içinde ölümü bekleyen. Bunlar yeni resimler. Büyük bir mağazanın altında karanlık bir lokanta. Yaşlılar önlerinde çikolatalı pasta, oturuyorlar. Yitik geçmişlerini yitik anları içinde yaşıyorlar. Yaşamıyorlar. Yaşamları çikolatalı pasta ve ölüm beklentisinden oluşuyor. Bu yeryüzünde her şey olmak isterim, ama Berlin kentinde yaşlı, yalnız bir kadın olmak, asla. Berlin gecelerinde. Eski yapılarında. O zamana dek çoktan bir mezarlığa varmış olmam gerek. İnsanın yalnız cesedi yalnız kalabilir. Canlı (cesedi) asla. Çocukluğumda yeryüzünün sonsuzluğunu algılayabiliyordum, ama yaşlı kadınların yalnızlığını değil.

"Büyümenin yaşlanmak demek olduğunu bilmiyordum. Ölmeyi görmek, Mora Nehrini yeniden görmek olduğunu..."

"Niçin dünyaya geldiğini bilmiyor musun? Anlatmalısın, anlatmalısın, ayrıca acıkmalısın, susamalısın... sonun korkunç, sefil olmalı! Bunu bilmiyor musun? Bunu sana Pavese söylüyor."

Hiçbir şey anımsamıyorum. Hiçbir büyük yapıyı. Hiçbir yapının görünüşünü. Ne bulvarların genişliğini, ne de yapıların olağanüstü büyüklüğünü. Ne havayı, ne de burada konuşulan dilin değişikliğini. Ne insanların giysilerini, ne de kişiliklerini, davranışlarını. Bu topluluk içinde yalnız Türkleri tanıyabiliyorum. Ve yavaş yavaş kentin boyutları anılarımda canlanıyor. Canlanması için uğraşıyorum. Karşıdaki yeşil kubbe bir kiliseye mi ait. Kiliseye, kütüphaneye, tiyatroya ait olup olmadığını bilmek bile istemiyorum. Yalnız tüm kentin beni nasıl etkilediğini algılamak istiyorum. Bu kente yirmi bir yıl sonra bir kez daha gelmenin neleri çağrıştırdığını sezinlemek istiyorum. Kent parkı canlanıyor gözlerimin önünde. Ilık bir yaz akşamı orada oturduğum ve öpüştüğüm delikanlı. O zamanlar, bu kentte sabahın alacakaranlığında ya da ilk ışıklarında, tüm gece yaşantıları arayıp, dünyayı tanımaya çalışıp eve döndüğüm anlar. Eve, iç içe avlulardan geçiliyor. Avluların büyük tahta kapıları, büyük tahta kapıların büyük demir anahtarları var. İnsanları tanımak için. İnsan sevgisi, bedensel sevgiyi tanımak için. Hayır, hayır. Artık o genç insanın korkutucu arayışı içinde değilim. Ne yaşantıları, ne de insan sıcaklığını arıyorum. Bugün, hem insan sıcaklığını, hem de sevgiyi yalnız kendi içimde taşıyorum. Yani sevgisizim. Ve soğuk. Kent resimlerini kendimle taşıyorum. Bütün yolculuklarımın, yolculuklardan oluşan yaşamımın bütün insan resimlerini. Ya da sürekli kalışımın. Ardımda, ne yaşayan, ne de ölen insan sevgisiyle. Tüm yaşantılarım genel bir insan sevgisine dönüştü. Ve ben orada duruyorum. Duyguların genelliğinde. Başka hiçbir şey. Soyut, genel, duygusal, yaz bulutları gibi bir sevgi. Birdenbire sağnakla da boşalabilir. Hafif bir esintiyle de yitebilir. Sağnak da benim. Esintiler de. Ve ardından güneş çıkınca, gökyüzü bulutsuz olunca, o zaman kentlerle, tren raylarıyla, toprak yollarla, bozkırla, denizlerle, gecelerle, sabahlarla, insan gövdeleriyle, yalnızlığımla bağlantılı anıların ne acı verici, ne de mutlu kılıcı duygularını taşıyacağım. Bomboş var olacağım. Kendi doluluğumun boşluğunda. Ve bir başıma. Ve bağımsız. Ovadaki yalnız ağaç gibi. Yaşlı ve büyük. Ve yalnız. O vadide. Bir yamaçta. Başıma buyrukluğuma hayranım. Sayısız görüntülerden sayısız uykusuz gecelerden, sayısız güneş ışınlarından, sayısız tren, otobüs, uçak ve gemi yolculuklarından, yürüyüşlerden artakalan tek olgum. Sayısız bedenlerden, kitaplardan, galeri duvarlarından, müze koridorlarındaki, salonlarındaki sayısız resimlerden, sayısız anılardan, sayısız saatlerden, günlerden, haftalardan, aylardan, onyıllardan, İstanbul Boğazının su yüzeyine baktığım, baktığım. Tanıdığım, tanımadığım sayısız insanla aramda geçen konuşmadan. Başladıkları an zaten bitmiş olan sayısız sevgiden. Kendimi sevdiğim başkalarının bedenlerinden. Ülkelerden, sistemlerden, bürokrasiden, demokrasiden, dünyanın tüm savaşlarından, tüm yönetimlerinden, tüm polislerinden ve futbol takımlarından artakalan yalnız kendi doluluğumun boşluğu. Kendi bağımsızlığım. Başıma buyrukluğum. Yeryüzü küresinin o herhangi bir ovasındaki ağaç gibi katı ve yalnız. Bir yıl bile geri dönmek istemem. Bir an bile. Bu eriştiğim sınırsızlık içinde nasıl geçebilirim yeniden o geçilmez sınırları. Dünyanın hiçbir yerinde artık insan hakları için çaba gösteremem. Hiçbir ülkesinde. Ülke derken, hem kendi ülkemi, hem de üzerinde var olduğumuz bu kahredilmiş yeryüzünü anlıyorum.

Şimdi bu kentteyim.

İki bulvarın birleştiği köşebaşındaki kahvede oturuyorum. Karşı yolun uzantısında yeşil kubbeli yapıyı anımsar gibiyim. Ama ne olduğunu bilmek istemiyorum. Sağda üç, solda iki büyük yapı yükseliyor. Bir rom daha söyleyeceğim. Karşıdaki saat 13.31'i gösteriyor. Altındaki iki ok, Presburg, Budapeşte ve Havaalanı yönlerini. Arkadaki yapının üzerinde Burg Tiyatrosunun üçüncü yapısı olduğu yazılı. Karşımda derinleşerek benden uzaklaşan alanda iki heykel var. Biri at üzerinde bir adam heykeli. Hangi imparator ya da hangi kahraman olduğunu hiç bilmek istemiyorum. Ardında bir zafer anıtı daha var. Madenden yapılmış, elindeki bayrağı yükseklere ulaştırmak isteyen biri. Daha ileride, görüntünün çatılarda son bulduğu çizgide; modern bir kule yükseliyor. Belki bir televizyon kulesi. Lokantası olan ya da olmayan bir kule.

Yirmi altı saat önce Kafka'nın mezarı başında oturdum. O boş, sessiz, yeşil Yahudi mezarlığında bir ağacın altında. Onun mezarının yanıbaşında.

Şimdi önümden tek kollu bir adam geçiyor. Hemen bir görüntü, yirmi bir yıl öncesinden bir resim daha belirginleşiyor. O zamanki kentin sakat adamları. Tek bacaklı. Kolsuz. Elsiz. Belki bir bölümü öldü. Savaştan sağ çıkanların bir bölümü. Ama bir bölümü yaşıyor ve onlardan biri caddede karşıdan karşıya geçiyor. Bu canlı savaş görüntüleri.

Artık gitmeyeceğim. Nereden geldiğim sorusunu yanıtlamak istemiyorum. Hiçbir yerden gelmiyorum. Kendimden başka.

Cumartesi, Carmer Caddesindeki İtalyan Lokantasının yaya kaldırımına çıkarılmış sandalyelerde oturuyoruz. Hava boğucu. Bulutlu. Ardından yağmur yağacak. Her algıyı uykunun derinliğine gömdüğüm bir anda uyanıyorum. Hemen belirleniyor. Şimdi sabaha dek uyuyamayacaksın. Uğraştığı işle, çıktığı gezilerle, oturduğu insanlarla, gittiği kahvelerle, aradığı arkadaşlarıyla ya da herhangi bir hareketliliğiyle yaşayan bir insan değilsin. Tersine, her davranışında gene kendini yaşıyorsun, bir yolculuğa çıkmak için de bu nedenle karar veremiyorsun. Nasılsa her gittiğin yerde kendinsin. İki saat sonra Hamburg'a uçan büyük uçaktasınız. Uçak, sonra Londra ve San Francisco'ya devam edecek. Öyle büyük bir fırtına var ki. Boşlukta oradan oraya atılıyorsunuz. Çocuğu, Lufthansa ile Stockholm'a yolluyorsun. Çocuğun yaşama gerçekçi biçimde sarılışı var. İçini burkan bir durum. O kuzey ülkesini hiç düşünmek istemiyorsun. Oradaki yakınlarına duyduğun özlemi de. Duyarlığa hiç yer yok. Zaman da. Ne güzel bir olgu, yaşam ve ölümü düşünmek yerine, daha ciddi, gerçekçi konularla uğraşan insanlar var.

"— Sizin gibi insanlara yer yok. Bana acı çektiriyorsunuz. Başında fırtınalar esiyor, gözleri kıpkırmızı.
Stefano gülümsedi:
— Biz dünyaya kendi kendimize acı çektirmek için geldik, dedi."

Otobüse biniyorsun. Kente doğru. Senden başka bir Amerikalı var. Şoför de yabancı. Büyük otobüste üç yabancısınız. Hamburg'da Pazar günü cansız. Tek yaşayan rüzgar. Şoför kaset çalıyor. İnsanın içinde duygular uyandıran gelişigüzel bir müzik. Belki de özlemler uyandıran. Başka hiçbir şey. Ama acıyı da kamçılıyor.

Böyle yaşıyorsun 4 Temmuzu. Bir tren bileti alıp, istasyonun önü, yanı ya da arkasında dolaşmaya başlıyorsun. Kentin aylar önce gezdiğin büyük limanını, nehir altına inen asansörlerini, barlarını, genelev sokaklarını, genç ve yaşlı orospularını düşünüyorsun. Yayalara ayrılmış bir alana varıyorsun şimdi. Kentin büyük limanının boyutları o serin yaz gününde. Oysa işte bugün de serin bir yaz günü. Sonbaharı andıran bir gün. Caddeler boyunca uzanan yapılar, dükkanlar, büyük mağazalar ve tek tük lokantalar... Dükkanlar, ülkenin her kent ve kasabasında satılan mallarla dolu. Kapalı. Alana tezgahlar kurulu. Tezgahlar burada her yaya alanında ya da pazar caddelerinde satılan Üçüncü Dünya mallarıyla dolu.

Rüzgar serin.

Sosisler kızarıyor.

Babalar çocuklarıyla ilgileniyor.

Anneler dinlenmeye çalışıyor.

Yaya alanı dışında caddeler boş.

Lokantalar da.

Dediğim gibi. Yaşayan bir rüzgar. Ve Pazar.

Otuz yıl öncesi kentimin bir küçük burjuva mahallesindeki kadar ölü bir pazar. Yalnız evler görkemli. Mağazalar görkemli. İnsanlar iyi giyimli. Ama içlerinde soluk yok. Soluk yok.

Hamburg'dan Berlin Zoo İstasyonuna giden trenin lokantasında oturuyorum. Karşımda bir adam. Birazdan konuşmaya başlıyoruz. Berlin'de avukat olduğunu, ama Hamburg yakınında oturduğunu söylüyor. Birçok zengin, politik nedenlerle Berlin'i bırakmıştır. Arada bir gelip, işlerini yaparlar, ama bahçeli evleri, kanılarınca daha güvenli buldukları Batıda yer alır. Şimdi bana Katolik dininin nimetlerini anlatıyor. Her insanı severek dinlerim. Kaygım vardır. Ne düşünürler, yaşama nasıl bakarlar diye. Ama hangi ülkede olursa olsun ortaçağ düşüncesinden sıyrılmış, bağımsız insana az rastlıyorum.

Yeryüzünün en güç insanları Katoliklerdir. İnsan taşlarla konuşsun daha iyi. Su ile, bulutlu gökyüzü ile, gecenin sessizliği ile konuşsun daha iyi. Ama yükseköğrenim görmüş bir Katolik ile konuşmasın. Avukat, bir de Alman Katolik Birliği Partisi'ne oy verdiğini söylemiyor mu. Ama Kohl'u pek tutmuyor. Partinin daha güçlü bir adama gereksinimi var, diyor. Bu avukatın iki olumlu özelliği var: Birincisi durmadan sigara içmesi; öbürü durmadan içki içmesi. Üstelik Camel sigarası içiyor. Tütünden anladığı belli. Diğer olumlu yanı da, bu hatta işleyen Doğu Alman tren personeli ile dostluğu. Önemsiz konularda onları savunuyor bile. Tabii söz savaştan da açılıyor. Bu trenlerde gidip gelirken savaş mutlak konuşulur ve sonuçları apaçık yaşanır.

Şimdi önümden atlı arabayla turistler geçiyor. Viyana'nın 17. yüzyılını, yaşamak istiyorlar. Bu denli çok araba ve boğucu egzoz gazı içinde.

Güneş ısıtıyor. Dört haftadır ilk kez kahvelerin önlerinde açık havada oturulabiliyor.

"Yaşanacak bir yaşam vardır.
Binilecek bisikletler vardır.
Yürünecek yaya kaldırımları ve tadına varılacak güneş batışları vardır."

Otelden ayrılıyorsun. Ayakların yürüyor. Sen değil. Viyana'da değilsin. Hiçbir yerdesin. Aradığın hiçbir yön yok. Bırakıyorsun ayakların gitsin bir yere. Hiçbir şey algılamamaya çalışıyorsun. Birden Türk Konsolosluğu önünden geçtiğini görüyorsun ve her şey birden beliriyor. Bütün yaşamın çağrışıyor. Ama düşüncelerini uzaklaştırıyorsun. Yönsüzlüğün, ülkesizliğin, amaçsızlığın, duygusuzluğun ve ansızlığın içinde sana varamıyor çağrışımlar.

Şimdi üç saati aşkın bir süredir bu kahvedesin ve yirmi bir yıl öncesinin anılarını çağrıştırmamaya uğraşıyorsun. Tüm çaban son üç günün görüntülerini ayrıntılarıyla, ama yalnız ayrıntılarıyla belirli kılmak.

Karşında McDonald's Lokantası. Kentin yeni gelişmelerinden biri de bu lokantalar olmalı, tüm Batı Avrupa'yı sarmış Amerikan lokantaları.

Almanya'nın bölünmüşlüğünün ve Berlin Duvarının Hitler faşizminin sonucu olduğunu söylüyorum.

"İyi ki bölündü Almanya. Yoksa sanayi o denli gelişirdi ki, Almanlar Üçüncü Dünya Savaşı'nı çıkarırdı gene" diyor.

"Altı milyonu gazla öldürdük. Öldürmemeliydik. Ama yaptık", diyor.

Ve öyle umursamadan söylüyor ki, sanki bir şişe bira daha ısmarlıyor.

O an korkuyorum. Hem korkuyorum, hem de insan olmaktan utanıyorum. Gece yarısı uyanıyorum ve bu tümceyi söyleyişindeki gelişigüzel tavrını anımsıyorum. Birdenbire o denli uyanığım ki.

Pazartesi, 5 Temmuz. Saat gecenin dördü. Daha doğrusu sabahın. Güneş çıkmış. Belki de her sabah, bir aydır yağmurla, bulutlu havayla uyandığım tüm sabahların bu saatinde kuzeyin batmaz güneşi vardı. Dört saat sonra sokaklardayım. Gri yapıların üzerini yeniden yağmur bulutları bürümüş. Arada bir yağmur boşanıyor. Bir ıslanıyorum. Bir kuruyorum. Kent boş. Son yolculuklarını beklemek zorunda olan yaşlı kadınlardan başka hemen hemen kimsecikler yok. Bazıları saat tam 9.30'da 19 ya da 29 numaralı otobüslerden inip, Batının en büyük mağazasına giriyorlar. Orada dantellere, gelinlik kumaşlarına, yaz modasına, çantalara, saatlere, düşünülecek ve düşünülmeyecek her mala dalıyorlar. Bir günü daha öldürmek için.

Bu kentin caddeleri uzundur. Kimisi yürümekle bitmez. Kilometrelerce uzanır, sonra küçük ya da büyük bir alana açılır, bu alanlara açılan daha birçok cadde vardır. Alana vardığında, üzerinde yürüdüğün caddenin devamının hangisi olduğunu bilemezsin artık. Storkwinkel, trafiğin gece gündüz aktığı üç büyük ana cadde arasında iki yanı ağaçlı küçük bir yol. Üzerinde ancak birkaç yapı var. Bir sırası eski, karşısı yeni yapılardan oluşan bir yol. Önünde bir adam yürüyor. Sen onun adımlarına bakıp, kendi kendine çağrışımlar yapıyorsun. Bu kentte kimse böyle kararsız yürümez diye düşünüyorsun. Büyük, ağır, eski kapını açacağında, onun da aynı kapıda gene kararsızlık içinde beklediğini görüyorsun.

— Biz tanışmamış mıydık, diyor.

— Hayır, diye yanıtlıyorsun.

— İkinci katta arkadaşım oturuyor, diyor.

Burada, yalnız oturan, bir tek kız olduğunu biliyorsun. Havanın erkenden karardığı bir gün, evin önünde hastane cankurtaranının durduğunu, polisin binaya girdiğini, daha sonra sedye üzerinde yüzü örtülü birinin çıkarıldığını, onun intihar deneyinden sonra hastaneye yatırıldığını kapıcı kadından öğrendiğini çok kısa bir anda düşünüyorsun.

— O kız burada mı?

— Hastaneden kaçıp bana geldi. Bir daha da gitmek istemedi.

Merdivenleri birlikte çıkıyoruz. Konuşacak birisine o denli gereksinimi var ki. İnsan arıyor. Avunmazlığını biriyle paylaşmak istiyor.

Gökyüzüne açılan, ağaçların tepelerini gören, geniş aydınlık, boş salonunda oturuyorsunuz. Tüm hareketliliğine karşın acılı bir durgunluğu var kentin.

— Dün gece onu buraya getirdim. Günlerdir uyumuyor. Bira içiyor. Sigara içiyor. Bira içerek, uyumayarak, ölmeyi bekliyor. Onu görmek ister misin?

Hiçbir şey yapamayacağını biliyorsun. Gene de birlikte aşağı kata iniyorsun. Burada odalar tek tek kiraya verilmiş. İçlerinde bir lavabo var. Herkese geniş bir oda. Diğer odalarda oturanlar, hastanın kapısını bile çalmıyorlar.

O, yatakta oturuyor. Elinde bir teneke kutu bira. Sigara içiyor. Solmaya yüz tutmuş bir-iki bitki, raflarında eski baskı birkaç kitap var. Hermann Hesse'nin kitapları dikkatini çekiyor. Yer sayısız bira kutularıyla dolu.

Öylesine zayıf ki, bacaklarından derileri sarkıyor. Gözleri ağır bir korkunun, umutsuzluğun, gerçek yaşam isteksizliğinin derinliğinde sönmüş. Zaman zaman haykırıyor. Otuz yaşını biraz geçmiş olmasına karşın, yetmiş yaşında bir insanın ya da gerçek bir ölüm hastasının çökmüşlüğünü taşıyor. Gene yukarı çıkıyoruz.

— Sevgilimdi, diyor arkadaşı. Ama her şeyden vazgeçti.

— İçki yerine iyi ilaçlarla uyutulsa, şimdilik daha iyi olur, diyorum, ama bu ilaçların sonunu hiç düşünemiyorum.

Acil servise telefon ediyorum. Arkadaşı konuşuyor. Bu konuşma o denli uzun sürüyor ki... Sanki ikisi de hastayı unutuyorlar, uzun uzun birbirleriyle dertleşiyorlar. Üstelik konuştuğu ne doktor, ne de psikolog. Belki de yalnız telefona bakan kadın ve bu kadın da kendi yalnızlığını gidermek istiyor. Belki bir saat sonra, telefonu kapadığında,

— Ne diyor, diye soruyorum.

— Sinir hastanesine kendi istekleriyle gitmek ve iyileşmek istemeyenleri, kendi köşelerinde ölüme bırakmak belki de daha iyi olur, diyor... diyor.

Birden deliliği anımsıyorsun. Akdeniz kıyısında sıcak bir ilkbahar günü, bir sebze bahçesinin çitlerine dayanmış, kuyudan su çeken kıza bakıyorsun.

Radyolar arananların adlarını sayıyor. Sık sık sonsuza atılışın dayanılmazlığını duyuyorsun. Delilik ve bağımsızlık arasındaki uzun, güç yolu düşünüyorsun. Ne denli güçlü olmak gerektiğini. Zamanı ve çekilen acıları.

Onu gene arkadaşına yollayıp, bağımsızlığının güzelliğine dönmek istiyorsun.

Yandaki masada bir erkek çocuğu, annesi ve babasıyla oturuyor. Bana öylesine dikkatli bakıyor ki sanki kahvede oturup sürekli yazı yazmakla suç işliyorum. Şimdi Viyana'nın Birinci Kaertner Ring'indeyim.

Zoo istasyonuna bilet almaya giderken, kızı gene görüyorum. Bira almak için birkaç metre ötedeki büyük mağazaya gidiyor. Sefil durumdaki alkolik ve hastaları ya da kendini kaybetmiş yaşlıları hiç umursamaz bu kent.

İstasyonda, bilet kuyruğunda bekliyorum. Dört iriyarı polis bir adamı tartaklayıp duruyor. Kentin en itilmiş insanları genellikle Zoo İstasyonunda kümelenir. Yüzleri yaralı, sürekli alkolikler, ellerinde bir içki şişesiyle duvarlara yaslanır, ara sıra tüm düzene söverler. Polisin tartakladığı adam o denli pis değil. Üstelik tıraş bile olmuş. Elinde yarısına kadar içilmiş bir viski şişesi tutuyor. Adam perona çıkmayı deniyor, polisler onu döve döve indiriyor. Gene polisin elinden kurtuluyor, perona çıkmayı deniyor, gene döverek indiriyorlar. Bilet kuyruğundaki Almanlardan biri:

— Polisin yanlış davranışı yalnız ona değil hepimize yönelik, diye bağırıyor.

"Gene yürekli biri" diye düşünüyorum. Düşüncesini haykırabilen biri.

Eve dönerken, bu kez, kızı arkadaşının kollarında görüyorum.

— Hastaneye götürüyorum, gelmez misin, n'olur gel, diyor.

— Biraz sonra Prag'a gidiyorum.

Gitmem gerek. Ne yaşlı kadınları, ne de yaz tatili için ülkelerine gitmeden önce tüm mağazaların en gereksiz mallarını satın alan Türk işçileri göremem. Bu iki durum da bana dayanılmaz bir acı, umutsuzluk veriyor.

Şimdi Doğu İstasyonundayım.

Şimdi dünya önümde açılacak.

Kendini bana sunan her şeyi, yetişmekte, solumakta ya da ölmekte olan her şeyi ya da ölmüş olanı daha da büyük biçimlendirmem gerek. Doğanın, yaşamın, düşlerin, duyguların bana sunabildiğinden daha çoğunu yaşamam, daha çoğunu algılamam, daha büyüğünü duymam gerek. Her nesneyi, her canlıyı, herhangi bir insanı, anlık her görüntüyü yaşantıya dönüştürmeliyim. Yaşamı büyütmek, kendimce geliştirmek, derinleştirmek, genişletmek, rüzgarlarla estirmek, yağmurlarla yağdırmalıyım, ta ki kendimi canlı ya da cansız, doğmuş ya da doğmamış tek bir nokta olarak görene dek. Ve kendi üzerimde kurduğum bu egemenlikle ölümü de büyütmem gerek. Yaşamım, ölümüm her yaşam, her aşk ve her ölüm olmalı.

Macar yapımı bir vagondasın. Doğu Berlin-Prag arasında geçecek bir tren yolculuğu. Karşında gene o oturuyor. Belki aynı boyda. Zayıf. Gözleri mavi ya da kahverengi değil. Yeşil. Bir süre sonra sana yaptığı resimleri gösteriyor. Suluboya resimler. Sessiz doğa görüntüleri. Kendi çekingen yaradılışını anlatan. Birden ona her şeyini vermek istiyorsun. Çocukluğunu, yorgunluğunu ve bu seyahatin içine doğru aradığın sonsuzluğu. Tenini. Kendini. Böyle bir tenden hiçbir şey algılayamayacağını biliyorsun. Ama o sana başkalarını da anımsatmayacak. Yabancı biri olarak kalmayacak yalnız. Ya da herkes kadar yabancı kalacak. Ancak geceden kaçmış olacaksın. Kendinden, birlikte yaşamanın bu denli güç olduğu kendinden kaçacaksın. Bir insan çıplaklığında ve yabancılığında algılayacaksın. Yeterince derin bir olgu. Sen de daha derinini sunabilir misin ki. Bütün bunları ne zaman düşünüyorsun. O, kompartımanda senin uzandığın dar, meşin yatak denemeyecek yere uzandığında yanına geldiğinde mi. Seninle yatmasını hiç yadırgamadığın anda mı, gecenin uzantısında mı. Bu bir türlü benimseyemediğin yeryüzünün ve yaşamın bırakılmışlığını düşündüğünde mi. Yoksa gecenin içine düştüğün ve uyuyamadığın yorgunluk içinde mi. O da uyuyamamıştı. Gözlerini açacak gücü bulduğunda yatağında sigara içtiğini, sana ya da boşluğa baktığını görüyordun. Prag'da sabahın beşinde neşeyle işine giden işçiler dışında hiçbir şey göremezsin, demişti. Seninle dolaşırım, demişti.

Koridordan trenin yol aldığı kesite bakıyorsun. Tek tek yapılar, yollar belirdi bile. Henüz sabah soğuk, gökyüzü aydınlanmaya başlamak üzere. Ama erken doğmayacak güneş, ilkin bulutlar olacak. Trenin koridoru serin. Söylediği gibi alacakaranlık içinde büyük bir kitle var işe gitmek için yollara çıkmış. Yorgunum. Tren istasyona varıyor bile. O uyuyor. Sigara paketinin üzerine birkaç sözcük yazıp iniyorum. Çantamı istasyonda bırakıp bir araba ile kentin sabahına giriyorum. Sabah, daha saat altı olmadan, Kafka'nın doğduğu evin karşısındayım. Yapının yan duvarında Kafka'nın ince yüzü metal bir heykel olarak işte karşımda. Birden yorgunluğum gidiyor. Ama beklenmedik bir sabahın maviliğinde birden Kafka'nın evinin önünde olmayı, bu üç katlı büyük taş yapıya bakıp duruşunu hiç kavrayamıyorsun. Uzak ülkede, durgun kentlerde onun anlatılarıyla geçirdiğin yıllar, daha derin, daha etkin, düşüncelerini daha çok yönlendirmiş, daha benliğine işlemiş süreçler. Yoksa yaşadığımız her an böylesine geçmişin ağır anılarıyla mı güçleşiyor. Prag kentinde Maiselgasse'de miyim, yoksa Ankara'da Tuna Caddesinde mi. Ya da düş mü görüyorum. Ya da zamanın hangi akışındayım. Bir yolcu muyum. Bir arabanın içinden yorgun gözlerle Kafka'nın evine bakan bir yolcu. Hangi yolculuğumun hangi anındayım. Oysa hiç yolculuğa çıkmam. Her an ve her yerde, daha önceleri ve şimdi hep sürekli bir yolculukta değil miyim. Böyle yaşamadım mı. Böyle yaşamıyor muyum. Böyle yaşamayacak mıyım.

Ambassador Otelindesin. Eski mobilyalar, tavandan sarkan avizeler, bembeyaz masa örtüleri, siyah giysili yaşlı garsonlar eski bir geleneği sürdürüyor. Dünyayı "Ateşçi" olarak algılamaktan öteye gidebildin mi.

Şimdi Anadolulu bir kadın, tarlada giydiği giysiler içinde Birinci Kaertner Ring'de karşıdan karşıya geçiyor.

Hradschin'e çıktığında güneş artık kent üzerinde yükselmiş. Alchimistengasse yükseklikleri iki metreyi bulmayan evlerden oluşuyor. Yirmi iki numarada bir yıla yakın çalışmış, öykülerini yazmış. Bugün ev kapalı. Yarın burada olmayacaksın.

Bir süre sonra yokuşları inip, nehir kıyısından geçip, sokaklarda dolaşıp, eski Yahudi mezarlığına giriyorsun. İlk adımlarında kent içinde gizlenmiş küçük bir mezarlığa girdiğini düşünüyorsun. Gelişigüzel kesilmiş, büyük, gri, kahverengi mezar taşları öylesine sık ve düzensiz yükseliyor ki. Dağınıklık içinde, sanki atılmış, şekil verilmemiş, her biri bir başka eğrilikte. İç içe. Mezarlık çevresini gene gri yapıların arka cepheleri çevreliyor. Evler terk edilmişçesine bakımsız. Galata çevresinin evleri gibi. Kimi camlar kırık. Mutlak içlerinde oturanlar var. Açık camlardan evlerin içindeki karanlık sessizliği algılıyorsun. Burası her zaman böyle gölge olmalı, diye düşünüyorsun. Ve mezarlığın havası, dışarının, kentin havasından daha nemli. Parke taşlarıyla kaplı caddelerin havasından. Sen mezarlığın içine doğru ilerledikçe, mezarlık kendini açıyor, açıyor, genişliyor, giderek büyüyor ve insanı kendi sonsuzluğu içine çekiyor. Daha derinlerine gidilirse, insanı bırakmayacak izlenimini veren canlı bir mezarlık. Çıkıyorsun. Kapı önünde küçük bir tahta taburede yaşlı bekçi oturuyor. Karşıdaki küçük tahta kulübede de turistlerin mutlak ellerinde bulundurdukları kent planı ve broşürler satılıyor.

— Kafka'nın mezarı nerede?

— Burada değil, diyor.

— Buradaki en yeni mezar taşı 17. yüzyıldandır.

— Evet, diyorum. Gördüm. 14. yüzyıldan mezar taşları gördüm.

— Metroya binin. Straschnitzer yönüne gidin. Oradaki Yahudi mezarlığında yatıyor Kafka.

Sokaklar geçiyorsun. Canlı sesler kulağına varıyor. Kemerler altında yürüyorsun. Seslerin geldiği kapıdan giriyorsun. Karanlık bir birahanede herkes durmadan bira içiyor. İş önlükleri üzerlerinde, herkesin elinde büyük bir bira bardağı, yarışırcasına bira içiyorlar. Bütün günlerini içerek geçiren, gene de çalışabilen insanları hep kıskanırım. Belli bir sarhoşluk içinde yeryüzüne dayanmak daha kolay.

Yavaş yavaş yürüyorsun. Metroya geldiğin an bozuk paran olmadığını görüyorsun. Geç, işareti veriyor turnikede bekleyen kız. Paranın bu kentte hiç önemi yok. Elektrikli merdiven üzerinde müthiş bir derinliğe iniyorsun. Son durakta herkesle birlikte gene derinliklerden gün ışığına çıkıyorsun. Karşıya geçiyorsun. Mezarlık kapısı açık. Hemen kapının karşısında bir ok hangi yöne gideceğini gösteriyor: Dr. Franz Kafka.

Yaşamın sonu hiçbir zaman bana ırak gözükmedi. Her yüzde, her solukta, her büyüyende, her yaşlananda, her sarılmada, her sabahta gördüm yaşamın sonunu. Çocukken bile, buğday tarlalarında, yaz gecesi mehtabında ve çocukluk gecelerinin derin karanlığında gördüm yaşamın sonunu, ama ben giderken, ben ya da tren görünümlerin içinden, kentlerden, köylerden, tarlalardan, dağ sıraları önünden, ardından, bir göl kıyısından, bir nehir yatağı ya da gri bir deniz yüzeyi boyunca ilerlerken, yol alırken, tanımadığım insanlar hızla gidiş yolunun aksi yönde yitip giderken, her görüntüyle birlikte ardımda benden uzaklaşırken, yitip giderken, işte ancak o zaman uzaklaştım yaşamın sonundan.

Neden buradaki yeşil, yabansı sessizlik şimdi sana için-de yaşamak zorunda bırakıldığın dünyayı unutturuyor. Aynı dünyanın en derin acısını Kafka çektiği için mi rahatsın onun mezarı yanıbaşında. Hiçbir yere gitmek istemezcesine. Babası, ardından da annesi aynı mezara gömülmüş. Şimdi Viyana'da Kafka'nın babasına mektubunu düşünüyorsun. Yaşamı süresince baskısı üzerinden kalkmayan babanın, mezarda da onun üzerine yattığını. Ne garip, dün mezarı başında bunu düşünmemiştin. Aksine belki biraz da rahatlatıcı bulmuştun yalnız yatmayışını. Nazi kamplarında öldürülmüş kız kardeşler ile Milena'yı düşünmüştün. Kafka'nın bu kamplara girmemesi içini sevinçle doldurmuştu. Genç yaşta veremden ölmesi onun için en büyük acılardan kurtuluş da demekti.

"Ölüm gelecek ve gözlerini alacak, o ölüm ki bizleri sabahtan akşama dek izleyen, sağır, eski bir acı ya da anlamsız bir angarya olarak."

Sessizlik ve yaban yeşilliklerin bürüdüğü mezarlıktan çıkarken, ağabeyimin sözlerini algılıyorum. Berlin'in Aralık gecesi buz gibi soğuk. Kar, asfalt üzerinde donmuş, Zoo İstasyonundan çıkılınca, yan köprü altındaki durakta 66 numaralı otobüsü bekliyoruz. O, Wansee'ye gidecek. Kentin Batı yakası sınırındaki göl kıyısına. Bahçenin derinliğindeki büyük, sessiz, yalnız yapıya.

— İstanbul'da mezarlarımızı hazırlamalıyız, diyor birden.

— Nereye gömüleceğim beni hiç ilgilendirmez. Ölü gövdemin ne olacağını düşünmek bile istemem. Toprakla mı, suyla mı birleşeceği, yoksa kül mü olacağı, diyorum.

Sözleri, o gece bana gereksiz bir melankoli gibi geliyor. Öylesine soğuk bir Berlin gecesinde bir de insanın kendi mezarını düşünmesi...

Şimdi Prag'da, yazarlarımın mezarları doğrultusunda çıktığım yolculuğun başlangıcında onun sözlerinde haklı olduğunu düşünüyorum. Ama gene de İstanbul kentinde bir mezarım olsun istemiyorum.

Otobüse biniyor. Pencere önünde bir yere oturuyor. Ben, kentin gece yaşamına dönüyorum. Soğuğun ve karanlığın içine.

Bir parka varıyorsun. Şimdi artık yorgunsun. Tahta sıralardan birine uzanıyorsun. Sessiz. Biraz uzağında çocuklar oynuyor. Büyükanneleri ya da dedeleri, banklardan onlara bakıyor. Öğle paydosundaki insanlar önünden gelip geçiyor. Sen de gelip geçen tüm Praglıları algılıyorsun. Parkta böylesine uzanan hiç kimse yok. Yorgunluk sınırını aşmışsın. Yürüyemiyorsun. Uyuyamıyorsun. Oturamıyorsun. Öylesine uzanıyorsun. Sana, bu yorgun kadına baktıklarını, yorgunluğunun derin uzaklığında algılıyorsun. Sen de hangi zamanda yaşadığını bilmeyen, diş ve boğaz ağrıları ile tahta bank üzerinde öylesine yatan kadına şaşkınlıkla bakıyorsun.

Uzun süre sonra biraz gücünü toparlayabildiğinde parkı herhangi bir kapısından terk ediyorsun. Bir durakta istasyon yönünü yaşlı bir adama soruyorsun. O da sana nereden gelip, nereye gittiğini soruyor. Söylediğin kentleri ancak savaş cephelerinden tanıdığını söylüyor.

Artık caddeleri dolaşacak gücüm yok. Caddeleri düşüncelerimde uzatmam, caddeleri düşüncelerimde yaşamam gerek.

Çantamı almak için istasyonda uzun bir kuyrukta bekliyorum. Çantanın altında dört tekerlek var. İstenilen yöne çekiliyor. Çekilirken de oldukça büyük bir gürültü çıkarıyor. Bavullarını alan ve veren tüm insanlar, bu taşınmadan çekilen çantaya bakıyor. Sanki ilk kez böyle bir çanta görüyorlar.

Çantayı istasyonun ortasına fırlatıp, sonra da oturup ağlayabilirim. Bağırabilirim. Tüm sistemlere karşı haykırabilirim. Kafka'nın, tüm yazının derinlerinden haykırabilirim. Taşra'da Düğün Hazırlıkları'ndan. Taşra Doktoru'ndan, Dava'dan, Amerika'dan, Şato'dan, Felice'ye Mektuplar'ından, Milena'ya Mektuplar'ından, Günlüklerinden. Böyle bir çanta taşıdığım için utanıyorum. Her şeyimden utanıyorum. O an, söyleyebileceğim kadarını söylemeye karar veriyorum. Yazmaya. Bağırmak, haykırmak için başka olanak yok. İşte bağırıyorum. Ve beni duyan gene benim.

"Sen düşüncelerle yaşıyorsun, diğerleri gerçeklerle."

Tren kalkmadan önce peronda gezinirken, birden Latislav'la karşılaşıyorum. Demek bu kentte tanıdığım biri var. Demek bu kentte tenini tanıdığım, bir geceyi bölüştüğüm biri var. Bratislava'ya gitmedi mi. Ben trenden iner inmez uyanmış olması gerekir. İnanılır gibi değil. Bütün gün, ben kentin sokaklarında, o başka sokaklarında dolaştı. Görmek istediği ben değilim. Biliyorum. Görmek istediği, benim kendime olan bağımlılığımdan taşan bağımsızlığım.

— Hani kenti birlikte gezecektik?

— Çok güzel uyuyordun Latislav.

— Kafka'nın evini gördün mü?

Nice istasyonlarda, nice limanlarda, havaalanlarında durakladım. Her gidenle gitmek istedim. Her yolculuğa çıkmak. Hiçbir yere gitmesem de, sürekli yolculuklarda olduğumu algılamakta geç kalmadım. Ama genç yaşlarda, henüz bana, yaşamı yaşanır kılan bu duyguya varmadan önce, gidememek, derin, derin, derin bir acıydı.

İşte gene raylar üzerindeyim. Ormanlar, küçük tepeler, mısır tarlaları, belki de ilk ve son kez içinden geçip gittiğim Viyana-Prag arası ne denli bildik bir dünya. Yer ve gökyüzünün renkleri, gölgeleri, bulutlar arasından sızan ışıklar, daha sonra başlayacak, bizi içine alacak karanlık, trenin geçtiği istasyonlarda, inip binen insanlar ya da istasyon çevresindeki köylerde, kentlerde yaşayan, o an yakından bisikletle ya da yaya gelip geçen herhangi biri, kendi kendime düşündüğüm, kendi kendime konuştuğum, kendi kendime sevdiğim, kendi düşüncelerimde çıktığım sürekli yolculuklardan beni alıyor. Beni ben olarak raylar üzerinde götüren trenlerde algılıyorum gerçek dünyamı. Duran her şey sıkıyor beni.

"Çocuk, çıplak pencereden serin ve siyah tepelerdeki geceye bakıyordu ve gözleri önünde açılan bu görünümü şaşkınlıkla algılıyordu: Puslar üzerinde hareketsiz bir berraklık. Karanlıkta hışırdayan yapraklar arasında tepeler beliriyordu. Günün tüm izleri, yamaçlar, ağaçlar, üzüm bağları, tepeler üzerinde renksiz ve ölüydü ve yaşam yalnız rüzgar, yalnız gökyüzü, yalnız yapraklar ve yalnız hiçti."

Viyana'da,Güney İstasyonunun yan çıkışı karşısındaki Prinz Eugen Otelinin altıncı katında odam. Radyoyu açıyorum.

Prag'a giden vagonda karşımda oturan özlemim, bu bilmediğim otelin, yabancı odasında sanki beni karşılıyor. Ondan, bu duygudan, bu istekten, içimizde yaşatma çabası gösterdiğimiz bu sevgi özleminden, özlemin biçimlendirdiği kişiden, düşüncelerimizin biçimlendirdiği derin bağlardan, bu duygular kendi dünyamızda, yalnızlığımızda kalsa da, bir rahatlık, bir kalıcılık, bir hoşnutluk akıyor. Susarken, yürürken, sigara içerken, bakarken, uyurken, severken, boşalırken. Bu duyguyu yitirmediği sürece insanın bunalımı bile anlamlı. Duygular, bir kişi olarak belirlenmese de. Ama insan bu duygularını, birinin tenine, bedenine aktarabilirse, bunu başardığı an yaşam inandırıcı oluyor. İnsan hiç geçmesin istiyor varoluşu. Bu duyguyu yitirmemem gerek. İnsanda biçimlenmese de. Bu duygu beni yenen, içimde yaşayan ve ölen canlıyı yenen tek duygu.

Viyana'da Prinz Eugen Otelinin altıncı katındayım. İlk an bütün eşyaların kalabalığını algılıyorum. Sonra bu konuda hiç düşünmemeye karar veriyorum. Telefonu kaldırıp, numarayı çeviriyorum. Her zamanki gibi yavaş konuşuyor.

— Viyana'dayım.

Susuyor.

— Yarın akşamüstü ara, diyor.

Ondan bana ulaşan bir duygu var. Durgunluk diyebileceğim rahatlatıcı bir sevinç. Bunu belki de ben yaratıyorum ve onun kişiliğinde birleştiriyorum. O susarken, sigara içerken, bakarken, uyurken, severken, solurken. Sanki bunalımı bile rahatlatıcı. O varken ya da yokken. Teninin bu denli güzelliği sonsuz durgunluktan kaynaklanıyor ve bana bu sonsuz yeryüzünden, yaşamdan ve ölümden daha da sonsuz geliyor. İşte bu duygu nedeniyle onunla olmalıyım, onsuz bile olsam. Diğer ilişkileri nasılsa ben sahneliyorum. İnsan, bir başka insanla ya da herhangi bir olguyla arasındaki ilişkiyi biçimlendiremezse, bu ilişki yok demektir. Biçimlendirebildiğim bu durgunluk, rahatlatıcı durgunluk, sevindiren durgunluk belki de beni yenen tek duygu: Hem yaşayan, hem de ölü beni. Öfkesi durgun, huzursuzluğu durgun. Kendi içine doğru yaşıyor, kendi içine doğru seviyor. Ve seviştiği anlarda suskuyla, hiçbir sözcük söylemeden, sözleri, kavramları aşan, silen, sakin soluklarla gücünü, duyurulması olanaksız sıkıntısını, konuşmamasındaki konuşmaları, suskunun sözlerini, derin iç dünyasını, henüz biçimlenmemiş düşlemelerini, durgun rahatlığı gerisindeki varoluşunu bana akıtıyor, bu duygu beni hem yaşatıyor, hem de bana ölümü mümkün kılıyor.

Telefonu kapatıyorum. Duşun altındayım. Yorgunluğumu duşun sıcak ve soğuk sularına bırakıyorum, ama sonu ve başlangıcı olmayan yolculuğu derinliğimde alıkoyuyorum. Her şey yolunda. Boğazım ve dişim ağrımasa. Gecenin herhangi bir anında ağrılarla uyanıyorum. Dişimin üzerine bir aspirin koyuyorum, bir de boğaz pastili alıp, ağrılardan daha güçlü olan yorgunluğun uykusunu yeniden uyuyorum.

Tıp, tıp, tıp diye damlayan su damlacıklarıyla uyandığımda saat dört. Kalkıyorum. Duşun kapısını ve odanın koridora açılan kapısını kapıyorum.

Bir süre sonra kent yaşamı başlayacak. Tüm işyerleri çalışan insanlarla dolacak. Sürekli çalışan fabrikalarda işçiler vardiya değiştirecek. İstasyonlarda trenler duracak. Trenler kalkacak. Gökyüzünde uçan uçaklar, dünyanın belli havaalanlarına doğru göklerde yol alacak. Gemilere arabalar, eşyalar yüklenecek, insanlar binecek. Uykusuz gece geçirenler yorgun kalkacak. Uzun uyuyanlar da yorgun kalkacak. Kimi mutlu, kimi acılı, kimi sevgi ile geçirdiği gecenin sabahında uyanacak. Kimi öfke ile. Kimi kendine güne nasıl başlayacağını soracak. Kimi bir intiharı düşünecek. Kimi özlem duyduğu bir kenti. Özlem duyduğu bir insanı. Kimi, bugün beklenmedik bir ölümü ölecek. Kimi yalnız dağlar ve tarlalarla tanıdığı dünyasına bakacak. Kimi tanrısına yakaracak. Kimi bir silahla birisini öldürecek. Kimi birilerini öldürmek için bir yere bomba atacak. Bombalı pankart asacak. Kimi ölümle yargılanacak. Kimi barış konferanslarına katılmak üzere uzak ülkelere kısa bir yolculuğa çıkacak. Bütün ülkelerin orduları savaş talimi yapacak. Gazeteler basılmıştır. Radyolar sabah programlarına başlayacak. Akdeniz'de balıkçılar ağlarını çoktan sulardan çekmiştir. Akdeniz'de kadınlar kapılarının önlerini çoktan süpürmüş, sulamıştır. Kamyonlar, arabalar yollardadır. Buzhanelerde bugün gömülmeyi bekleyen cesetler vardır. Sonsuz dünyanın sonsuz yazlarından bir sabah.

Sabah kentin büyük bir bölümünü pencerenin gerisinde görüyorum. Bu denli çok ülke, bu denli çok insan, bu denli çok roman kahramanı tanımalı mıydım. En yakın dostlarım romanların kahramanları gerisindeki yazarlar mı olmalıydı. Uçaklara, trenlere, otobüslere bu denli çok mu binmeliydim. Çeşitli kentlerin gecesinin uzantısında yaşayıp, sabahları uyanıp, gündüzleri uzun caddelerini mi yürümeliydim. Bir alan ve birkaç caddeden oluşan küçük bir kentte neden sınırlanmadı yaşamım.

Kentin geniş görüntüsüne daha uzun bakmadan masanın başına oturuyorum.

II

Önümde buğday tarlaları.

Büyük, yeni otelin tek müşterisiyim. Geniş terasta oturuyorum. Kahvaltıdan sonra odaya çıkıp, alüminyum kepenkleri indiriyorum. Odanın mavi ve beyazlığı koyulaşıyor. Uyuyabilmeyi deniyorum. Garip bir acı, inanılmaz boyutlara ulaşıyor bu alacakaranlıkta. Sanki ayrılamayacağım bir duygu var, ayrılamayacağım bir insan var. Geçmişte, şimdi gelecekte. Ya da böylesi bir duygunun yolculuğunda mıyım. Tüm varoluşumda sürüklediğim bu duygunun.

"Tüm ince duyguları, tüm bağlılıkları, kendini verme isteğini, bir tutukevinde gibi, ağır bir yük gibi yüreğinde hapsetmek zorunda bırakılmıştı."

Hep öyle değil mi. Sevgilerimizi, duyguların yükseliş ve alçalış dalgalanmalarını, kendi kendimize algıladığımız biçimde bir başka insana akıtmak istediğimizde tümüyle içimize hapsetmiyor muyuz. Kim karşılıyor sevgileri. Bir ilişkinin başlangıcı, sürekliliği aynı zamanda en derin sınırlandırılması değil mi. Belki ancak ayrılık bir açıklık, bir derinlik kazanmıyor mu. Duygularımın karşıtını savunamam. Bir uzaklık kazanmam, yeniden kendi düşüncelerimin dünyasını bulmam gerek. Tek bir kişide yoğunlaşan duygulardan her zaman kaçındım. Sonsuz sevmek isteğimi her zaman tüm insanlara, her insana dağıtma çabası gösterdim. Zaman zaman da herkesten nefret ettim. Kendi dışımda.

Şimdi derinlemesine irdelememem gereken duyguların taşkınlığındayım. Sanki duygularımı kilometrelerle uzatıyorum, duygularımı yolların bitmezliğine dönüştürüyorum. Oysa sözcüklere dönüştürmemem gereken duygular bunlar.

Gece saat üçe doğru uyandığımda (ilk kez doğru işleyen bir saate sahip olduğumdan, durmadan saate bakıyorum) hiç değilse acıları dönüştürecek sözcüklere sahip olduğumu düşündüm. Ama diğer insanlar, acılarını, yaşantılarını, uykusuz gecelerini, umut ve umutsuzluklarını ne yapıyorlar.

Alüminyum pancurları açıyorum ve Yugoslavya gündüzünün ışıklarını bu mavi beyaz odaya dolduruyorum. Dün gece ilk konuğu olduğum odaya.

Güneş ısıtıyor. Niş kenti yakınındayım. Bu büyük, yeni otelin tek konuğuyum. Akşama doğru başkaları da gelecek.

Önümde, terasın çiçekleri gerisinde E-5 yolu uzanıyor. Akşam, yorgun yolcular arabalarından inecek. Hepsi nereden geldiklerini, nereye gideceklerini bilen insanlar. Yıkanacak, yemek yiyecek, uyuyacaklar. Sevişecek, düşünecek, okuyacak ya da yazacak güçleri olmayacak.

Kendimden uzaklaşmam gerek. Yavaş yavaş terasa iniyorum. İlkin yarı gölgeye oturuyorum. Garson kahve ve madensuyu getiriyor. Sonra masamı değiştirip, sardunyaların kenarındaki ilk sıraya geçiyorum. Çevremi ve yolu görmek istiyorum. Güneş, arada sırada yaz bulutlarının ardına dalıyor. O an, serince bir rüzgar esiyor. Sonra güneş yeniden parlıyor ve insanın derisini dalıyor. Güneş, güçlerin en büyüğü olmalı. Benden de güçlü. Ama kendi gücüm olmadan, güneşin gücünü algılamam olanaksız. Ve işte terasa çıkan merdivenlerin başındaki ikinci masada oturuyorum ve yazıyorum.

Önümde buğday tarlaları.

Sonra bakışlarımı ve düşüncelerimi otele kaydırıyorum. Şimdi yeniden buğday tarlalarına dönüyorum. Buğdaylar kesilmiş. Yol kıyısındaki tarlada yığılı.

Çocukluğumdan bu yana buğday yığılı tarlaları doyasıya seyredemedim. Çocukken, yüksek ovaların serin yaz günlerinde buğday öğüten dövenlere binerdim. Sapsarı buğday tanelerine hayranlıkla bakardım. O zamanlar buğday tarlaları benim denizlerimdi. Kentlerim, bulvarlarımdı. Tren raylarımdı.

Arada bir garson gelip benimle konuşuyor. Ya da kendi kendisiyle. Söyledikleri ne denli bana varıyor bilmiyorum.

Terasa varan merdivenlerde bir çift ilerliyor. Erkek hafifçe kadının belini tutmuş. Bu yeni otelin, sabaha karşı 103 numaralı odasında düşünmek için durakladığım otelin terasına.

Gece hiç uyumadan yattım. Bin kırk bir kilometreye varan yolculuktan sonra yorgunluğun doğal sınırını aşmış, günlük yorgunluğa varabilmek için çaba harcıyordum gecenin içinde. Sonra durgunluğu ve durgunluğun ardında uykuyu bulabilmek için. Yaşamım boyunca uykuyu beklediğim kadar hiçbir şeyi beklemedim. Ancak anlamsızlık ve acı sonsuz bir gelişigüzelliğe vardığı günlerde derin derin, uzun uzun çok yorucu uykuları uyudum. Yorgun, isteksiz ve umutsuz uyanıncaya dek.

Şimdi burada, Yugoslavya gökyüzünün altında, buğday tarlaları önünde uzayan ve İstanbul'a varan asfaltın gerisindeki terasta, içimdeki duyguları sözcüklere dönüştürürken ya da içimdeki sözcükleri görünür kılarken, yaşamla aramdaki doğal bağlantıyı, kendi kendime kurduğum dünyayı, dış dünyanın etkilerinden zedelemeden yürüttüğüm uzaklığı yeniden kurmaya çalışırken, eski dengeli yaşam acıma yeniden kavuşmaya çalışırken, henüz günlerin doğal yorgunluğuna erişmiş değilim. Kendimi bırakıyorum. Bir an için gerime yaslanıyorum. Gözlerimi yumuyorum. Sıcağı algılıyorum. Rüzgar kağıtları uçuruyor. Kaldırıyorum. Kalemi yeniden tutuyorum. Almanya'dan Türkiye yolculuğuna çıkmış yorgun işçiler, önümde E-5 üzerinde, buğday tarlaları kenarında oturuyor, dinlenmeye çalışıyorlar. Başaramayacaklar. Hiçbir zaman dinlenemeyecekler. Ölümleri bile bir dinlenme olmayacak. Onlar, yaşamları gibi, ölümleri de ellerinden alınmış insanlar. Sahipleri yok. Paraları, arabaları ve büyük mağaza artıkları dışında zedelenmiş zedelendirilmiş iç dünyaları dışında sahipsizler. Bu gece, bu yeni otelin 103 numaralı odasının ilk konuğu olarak yorgunluğumda yatarken, karşımda boş duran ikinci yatakta herhangi birinin tüm soluğunu ve derin uykusunu algılar gibi olurken, derin uykuda uyuyanların mutluluğunu düşündüm. Ya da uyuyan o muydu. Otele birlikte gelmemiş miydik. Hayır, yalnızım. Beş gündür müthiş biçimde kendini duyuran diş ağrısından başka benimle olan hiçbir şey yok. Günlerce süregelen baş ağrılarından sonra. Baş ağrıları bir parçamdır. Onlarla yaşamaya alıştım. Ama son dört gün içinde Berlin'den Hamburg'a uçup, aynı gün Hamburg'dan Berlin'e trenle dönen, dört saat uyuduktan sonra Doğu İstasyonundan Prag'a giden, tüm gece karşımda onun sigara içişini gözleyip uyku ve uyanıklık arasında yatan, Prag'da günboyu dolaşan, akşamüstü yola çıkan, gece Viyana'ya varan, Viyana-Zagreb-Belgrad yolunu bitirip, Niş'e varan bu insan, bu denli müthiş diş ağrısına nasıl dayansın.

Viyana'da uyuduğun uzun uyku belki yorgunluğunu giderdi, ama seni diriliğe kavuşturmadı. Otelden ayrılıp gelişigüzelliğini yürüdün caddelerin. Bir kahvede altı saat oturdun. Öğleden sonra, geç bir saatte o geldi.

— Neredeyse seni tanımayacaktım, dedin.

Şimdi E-5 kıyısındaki buğday tarlalarını görüyorsun. Tarlalar üzerinde öğrencilerin ürün topladığını. El ele tutuşup, çember oluşturmuşlar. Şarkılar söylüyorlar. Ellerinde kırmızı bayrak. Sabah tarla kıyısında da bu kırmızı bayrağı görmüştün. Ama bayrağın yorgun araba kullanan Türk işçilerine bir ikaz işareti olduğunu sanmıştın, ülke yönetimiyle bir bağlantısı olabileceğini düşünmemiştin.

Yüksek ovaların serin yaz günlerini anımsatan bu Yugoslav gündüzünde iyi duyuyorsun kendini. Olabileceğinden daha iyi bir gün bu.

Birinci Kaertner Ring'deki kahveden kalkıyoruz. Yayalara ayrılmış geniş bir caddede bir başka kahveye oturuyoruz. Viyana ile ilgili hiçbir değişmeyi algılamamaya çaba gösteriyorum. Ama yapıların büyüklüğünü ve görkemini ister istemez görüyorum. Anıların kendi kendilerini kurcalıyor. Bu denli muhteşem yapılar, o zamanlar bu ilk geldiğim Avrupa kentinde içimde ne gibi duygulara yol açmıştı. Duygular, duygular, duygular. Bırak kentleri, bırak yapıların görkemini, yoksulluğunu, bırak yolları, istasyonları, insanları, yabancıları, sevdiklerini, çocukluğunu, ölen uzaklardaki insanlarını, bırak, bırak, bırak içinde seni kemiren seni bırak. Bak nerelere varıyor gökyüzü. Hangi zamanlara. Hangi sonsuzluğa. GİT.

Varışımdan yirmi bir saat sonra Viyana'dan uzaklaşırken, geniş trafik yollarının kavşaklarında gazete satan uzak ve yoksul ülkelerin kara insanları, gene acıya boğuyor beni. Yaşamlarının, sorunlarının güçlükleri, onları Orta Avrupa'ya sürükleyen yoksulluk karşısında hak edilmemiş mutluluklara, rahatlıklara duyulan öfke. Çelişkiler o denli iç içe ki, ne gitmekle, ne de kalmakla çözümleniyor. Giderek büyüyor. Öfkenin derin boyutlarında, huzursuzlukların acılarında.

Yol üzerindeki saat yediyi gösteriyor. Uzun gün geceye varmamış henüz, yaklaşamıyor bile.

Üzerinde yol aldığımız caddeyi kent planında bulmamı istiyor. Kent planlarından hiç anlamam. Ayrıca bu kentle hiçbir bağlantım yok. Olmasını da istemiyorum. Daha da ötesi, otelim çok belirli bir yerde. Güney İstasyonunun yan duvarının tam karşısında. Üç gün önce, Berlin-Hamburg-Berlin, Batı-Doğu-Prag-Viyana arasındaki yolları geçtim ve şimdi de bu kentten ayrılmak üzereyim. Kentin üzerimdeki izlenimlerini silmeye çaba harcıyorum, bir de benden üzerinde ilerlediğimiz caddeyi planda bulmam istenir mi. Hangi cadde. Hangi kent.

"Bu kişiler tek bir olguya varma çabasındalar: Özgürlük olgusuna. Toplumun akılla bağdaşmayan zincirleri karşısında, bireyin kazanmak istediği bağımsızlık olgusuna."

Bu ve yaşamın birçok anında bu duyguyu algıladın mı. Kendi bağımsızlığını, hiç değilse yalnız kendin için yaşayabilmek. Yıkmadan, incitmeden, yorulmadan, yılmadan. Başka biçimde yaşamla bağdaşmaya olanak var mı.

Dört kez aynı yolu dönüyoruz. Yollarda tamir var. Çantamı otelden alıyorum. Yola çıkıyoruz. Saat şimdi yediyi gösteriyor. Kentte geçirdiğin yirmi bir saatte uyudun, kahvaltı ettin, bir çay ve altı rom içtin ve mutlusun, kentten hiçbir şey algılamadın, kente yeniden gelmiş sayılmazsın, hiç bir izlenim edinmeden gidiyorsun. Kimseyle konuşmadın bile. Geldin ve geçip gidiyorsun.

Ormanlardan, köylerden geçiyoruz. Mısır tarlaları üzerine gün ışıklarının son gücü yansıyor. Yıllar önce yaptığın bir öykü çevirisini anımsıyorsun. Pavese'nin "Mısır Tarlası".

"Her zaman diğerinden daha boş bir cadde vardır. Zaman zaman böyle bir caddeye bakmak için duruyorum. Çünkü böyle bir anda, yitikliğim içinde, o caddeyi tanımıyor gibiyim. Güneş, hafif bir esinti ya da gökyüzünü boyayan renklerin biraz başka oluşu yetiyor ve ben nerede olduğumu bilemiyorum."

Gidiyoruz. Gidiyoruz. Gidiyoruz. Gidiyoruz. Hiç konuşmadan. Günün ışıkları çoktan yitti. Karanlık. Sınırı geçtik. Gece ilerliyor. Yolla birlikte yorgunluk büyüyor. Bin yıllık yorgunluk ilerliyor. Zagreb yakınında yüksek yapıların altında, daha başka arabaların da park ettiği bir alanda durana dek.

— Burada uyuyacağım, diyor.

Burada uyumama olanak yok. Giyineli on sekiz saat oldu ve on sekiz saattir oturuyorum. Soyunmam gerek. Gözlerimi çukurlarından çıkarabilirim. Saçlarımı yolabilir, ağrıyan dişimi çıkarıp atabilirim, sertleşmiş boynumu, düşüncelerden yorulmuş başımı.

Bir yüksekliğin, bir başıma olduğum bir yüksekliğin en ucundayım. İnemiyorum. Yaşayamıyorum. Ölemiyorum.

Hiç durmadan dokuz saat araba kullandı. Kendi içine yönelik bir yolculukta. Kendi derinliklerine varmak isteğinde. Üstelik yirmi yaşının verdiği doldurulması olanaksız kaygının dayanılmaz baskısı altında. (Ama kırk yaşında olan ben neden bitirmiyorum kendi içime olan yolculuğumu). Ama bitirme, bitirme. İnsan yirmi yaşında ya toplumun akılla bağdaşmayan düzenine girer ya da var olur. Uyum istemiyor, var olmak istiyor. Gidiyor. Sınırlarını zorluyor. Ben de gidiyorum. Henüz uyum duyacağım hiçbir şeyle karşılaşmadım.

Koltuğa yaslanıyor. Başını geriye dayıyor. Gözlerini yumuyor. Yüksek yapıların camları karanlık. Yalnız sokak lambaları yanıyor. Ve E-5'te ilerleyen arabaların farları.

E-5 kıyısında tek konuğu olduğum otelin terasında yemek ısmarlıyorum. Pazar gününden bu yana Berlin-Hamburg-Berlin, Batı-Berlin-Doğu-Prag-Viyana-Zagrep-Belgrad kentlerini, Demokratik Alman Cumhuriyeti, Çekoslovakya, Avusturya ve Yugoslavya ülkelerini geçip Bulgaristan sınırı yakınlarındaki bu otele vardığım, tüm yorgunlukların yarattığı aşırı diriliğe kavuştuğum için, birşeyler yemek için çaba harcıyorum.

Yeniden yorulmak için.

Garson kırmızı bir masa örtüsü getiriyor, üzerine bembeyaz, hiç kullanılmamış bir masa örtüsü daha sermeye çalışıyor.

— Masa örtülerine gerek yok, diyorum.

— Eee, burası birinci sınıf otel, diyor.

İkimiz de "birinci sınıflara" gülüyoruz.

Saatim yaz saatine göre ayarlı. Yugoslavya'da yaz saati yok. 15.15'i gösteriyor. Ağzımdaki lokmayı çiğneyemiyorum. Dişim o denli ağrıyor ki. Gözlerimi yumsam, belki de uyurum. Hayır, hayır, sözcüklerin tümü içimden çıkmadan bir an bile uyuyamam.

Yüksek yapılar altında arabayı durdurup, arkasına yaslanıp, hemen uykunun derinliğine vardığı an gibi bir ana erişmem gerek. O, yolculuğunu 1975 yapımı bir Opel arabayla, ben de E-5 kenarındaki birinci sınıf bir otelin tek konuğu olarak ucuz bir kalemle yapıyoruz.

"Dünya nasıl olması gerekiyorsa, öyle. Kendi kendini kurtaramayanı hiç kimse kurtaramaz."

Her şey geçiyor. Hiçbir şey geçmese de.

Çevreme bakıyorum. Ne var. Bildik siyah geceler. Bildik gri sabahlar. Bildik güneşin belirli ışığı. Zaman zaman en büyük güzelliklerine bürünse de, ışıklar gerçekten bizi şaşkına çevirse de, o ışıkların sonbahar ışıklarının tüm sonbahar yapraklarına verdiği renklerin tüm çeşitliliklerinde bir başına ışığı ilk kez görürcesine yürüsen de, içinde bağıran gene Dr. Driver:*

"Hepiniz ne denli can sıkıcısınız!"

"Hepiniz ne denli can sıkıcısınız!"

"Hepiniz ne denli can sıkıcısınız!"

* F. Scott Fitzgerald'ın "Geceler Güzeldir" romanının kahramanı.

On altı yıl öncesi, bir Anadolu kentinde "Yaban Çilekleri"ni çevirirken, nemli bir ağustos gününde, yıllar öncesi Türkiye'den ayrılmış bir fotoğrafçı ve bir ressamla, İsveç'te yaban çilekleri toplayacağımı düşünemezdim bile. Bir düşten de öte. Bu nemli yapraklar içinde koyu kırmızı çilekler bir yaşamdan da öte... Yoksa vaat edilen cennetlerin çilek tarlalarında mıyız. Tanrım vaat edilen cennetlerin çilek tarlalarında mıyız. Çünkü bu sessizlik, bu ayakların yere basmadığı, düşüncelerin ve sözcüklerin kimseye ulaşmadığı ülke, bu yaşam ve ölüm arasında uzanan sessizlik, bu serin ülke, insanların yalnızlıkları içinde gözlerini bile kaldırıp ötekine bakmadığı ülkenin daha kuzeyindeki kapılar, gerçekten belki ölüme giden yollarla dolu. Ölüm sonsuzluğu, ölüm uzantısı, ölüm ölümsüzlüğü var burada. Şimdi gene düşüncelerinin daha önceki yazlara kaymasına izin verme.

Sandalyemi güneşe çeviriyorum. Şimdi yeşil tepeleri görüyorum. Aylardır Berlin'de hiçbir tepe görmedim. Berlin dümdüz. Hiçbir yükseltisi yok. Bense tepelerin insanıyım. Prag kentinin beni sarsan görüntülerini içimde taşıyorum. Latislav'ı düşünüyorum. Yirmi yaşı içinde sınırlarını aşmak isteyen, ülkesinin sınırında durup kalan Latislav'ı.

Sınırlar kadar hiçbir kısıtlamadan sıkılmadım ve kendi sınırlarım içinde sınırsızlığımı kurdum. Hiç değilse bana özgü bir sınırsızlık, kendi suskum, kendi çığlığımın sınırsızlığı.

Prag'da geçirdiğim bir tek gün, yaşamımın birçok mevsiminden daha yoğun. İlk kez, iki gün içinde içimde biriken sözcükleri böylesine yazabiliyorum. Şimdiye dek resimleri hep kendi derinliğimde, kendi karanlığımda tutmuş, onları sözcüklere dönüştüremememiş, yalnız bana işkence etmelerine izin vermiştim.

Çocukluğumda algıladığım ilk resimlerden beri. Çocukluğun soğuk gecelerinden beri. Onlarla yaşadım, onlarla sevdim, sevdiğimi sandım, ama belki de ne sevdim, ne yaşadım. Her iki olgunun izdüşümünü algıladım. Resimleri karanlığımın derinliğinde gömülü tuttum. Şimdi resimlerden taşan seller içindeyim. Üstelik dişim de dayanılmayacak kadar ağrıyor.

Cumartesi. 10 Temmuz 1982.

Sabah. Saat 5.15.

Dörtten bu yana diş ağrılarımın hafiflemesini bekliyorum. Dün gece, erken yatıp, kendimi hiç değilse uykunun derinliklerinde unutmak istediğimde, ağrılar öylesine bastırdı ki, ağzımda Aspirin acılığı ile, ağrının kuvvetlenip, uykumu yeniden bölmesi korkusunu da algılayarak altı saate yakın uyuyabildim. Ama şimdi ağrı o denli güçlü ki, sağ tarafıma felç iner gibi. İlk kez annemi düşünüyorum. Yaşamını kendine özgü sessizlik içinde sürdüren, o kimseye benzemeyen kadını.

İlk kez, altı gün önce Hamburg Havaalanından Stockholm'a yolladığım çocuğu. Bana:

— İnsan bakarken düşünüyor, gerçekte düşünen gözler, diyen çocuğu. Henüz dokuz yaşında bile değil.

Otel odasındayım. Pencere tarafındaki yatak boş. Sanki dün gece de onun soluklarını işittim. Otuz beş dakika sonra, Yugoslavya sabahının alacakaranlığında bir arabanın hareketini duyduğumdan bu yana, yirmi dört saat geçmiş olacak. Kentime gidiyor. Belki orada. Bir evde derin bir uykuda. Bin yedi yüz yirmi iki kilometrelik bu yolculuğun, başlangıcı ve sonu olmayan bu kendi içine yolculuğun herhangi bir yerinde. Benim gibi. Bin kırk bir kilometre gittiğim ve bu otelde durakladığım yolculuğun herhangi bir noktasında. O kentte, yalnız günlük yaşam bekliyor beni. Sevdiğim, belki, birbirimizi sevdiğimiz bir insan var evimde. Ya da uzun yılların, birlikte yaşamanın bıraktığı bir sevgi. İkimiz de, yaşamları ayrı ayrı aradığımızı, başkalarıyla daha mutlu olduğumuzu biliyoruz. Ama başkalarıyla olan mutluluğumuz gene de beraberliğimizden mi kaynaklanıyor. Hayır, bunlar yalan ilişkiler. Çevrenin yozluğu içinde yalanlaşan ilişkiler. Kendimizle nasıl hesaplaşıyorsak, birbirimizle de öyle hesaplaşmamız, açık olmamız gerek. Ama olamıyoruz. Hayır, henüz o kentteki günlük yaşama dönemem. Orada her şey gelişigüzel. Sen günlere birşeyler getirmedikçe, günler sana hiçbir şey getirmiyor. Boş bir caddede yürüme olanağı bile yok. Her köşe, her cadde öyle dolu, öyle dolu, öyle dolu ve bu doluluk içinde öyle boş, öyle boş, öyle boş ki... Kentin gizemi diretiyor, zaman zaman uzaktan kendini duyurmaya çalışıyor...

Ama boşuna. Kentin gizemi gene anılarımızın bize yansıması. Başka hiçbir şey değil.

Orada her olgu gelişigüzellik içinde bir durgunluk kazanacak, bu belki benim güncelliğim, ama şimdi sıradan günlerime dönmek istemiyorum. İçimden çıkması gereken birşey var. Yaşadıklarımla hesaplaşmam gerek. Şimdi yollarda yalnız kendi kapırdanışlarımı, kendi haykırışlarımı duyacağım.

"Kader diye birşey yoktur, yalnız sınırlar vardır. En kötü yazgı, sınırları sabırla karşılamaktır. Karşı çıkmak gerekir."

Panjurları açıyorum. E-5 üzerinde Türk işçilerinin İstanbul yönünde yüklü arabalarla ilerlediklerini görüyorum. Perşembe gününden beri görüyorum bu akışı. Sınırları tanıyan, benimseyen, bu sınırlara uyum gösteren hiçbir insan, karşı çıkmanın sonundaki bireysel bağımsızlığa erişemeyecek. Hem karşı çıkıp, hem de sınırlarda yaşayan insan, yaşamı boyunca çıkmazından sıyrılamayacak. Huzursuzluk duyacak ve ne yaşamdan hoşnut olacak, ne de rahatlıkla ölebilecek. Yaşlandıkça ölüm korkusu büyüyecek. Başkalarının yanında kendini güçlü göstermeye yeltense de, yalnız kaldığında, hiç değilse kendi kendine yalan söylediğinin bilincine varacak. Bu bilince varsa, o bile bir adım. Birçoğu yalanı gerçek gibi algılayacak kadar sıyrılmış kişisel özgürlükten. Oysa insan, hem yaşamı, bize sunulan bu en yüce olguyu, hem de yaşam sonunda sonsuzluğa varmayı hak etmek zorunda. Yaşam, bu gelişmeye tüm kapılarını açan bir olgu. Gelişigüzel geçip gidilecek bir varoluş değil insan varoluşu. Biçimlendirilecek, değiştirilecek, sınırsızlaştırılacak bir HER ŞEY. Kalıplardan kaçmak için gidiyorum. Gitmekten yılmayacağım. Kentlere gitmek, kocalara gitmek, geri dönmek, ülkelere gitmek, tımarhaneye gitmek, gene gitmek, gene gelmek, hiçbir şey yıldırmayacak beni. Yaşamı, GİTMEK olarak algılıyorum. Zagreb banliyösünde yüksek yapılar önünde arabayı park ediyor. Yapıların sayısız pencereleri karanlık. Yalnız sokak lambaları yanıyor.

— Artık sürmeyeceğim, diyor.

— Gidiyorum, diyorum.

Bagajdan çantamı alıp yola doğru yürüyorum. Yabancı bir gecenin içindeyim. E-5 kenarında duruyorum. Hiçbir yönüm yok. Hiçbir cadde yön değil. Önümde yüksek sokak lambaları. Gerimde yüksek sokak lambaları. Üzerimde gökyüzü ve gece. Ayaklarım altında asfalt. Onun altında toprak. Çevremde Avrupa. Ben hiçliğin sınırında. Zaman gerek, bir mekan gerek. Tanıdığım bir tek şey gerek. Soyunup, derime dönmem gerek. Hiçbir yere gidemeyeceğim. Yeniden arabaya dönüyorum.

"Bir gezinti tüm günü ısıtabilir. Ama geceler öldürüyor beni."

Hiçbir gece beni Zagreb gecesi kadar öldürmedi. Bir odayı bir başka sinir hastası ile bölüştüğüm geceler bile. Çünkü hastanelerde insana garip bir dayanma gücü geliyor. Beklenti mi veriyor bu gücü. Yoksa direnmenin gereksizliği, yararsızlığı mı. Oysa dışarıda ne direnebiliyorsun, ne de beklentin var. Gerçek bir hastane, belki de sonsuz bir tımarhane.

Her düşünce, her konuşma kendi kendine olmak demektir. Birşeyi bir insanla bölüşmek gene kendi kendinle bölüşmek demektir. Bir insanla sevişmek, gene kendi kendinle sevişmek demektir. Birisiyle birlikte olmak, yalnız olmak demektir. Bunu çıkarma aklından. Ama Pavese haklı.

"Dünya nasıl olması gerekiyorsa öyle. Kendi kendini kurtaramayanı hiç kimse kurtaramaz."

Temel sorun, yalnızlık direncini yitirmemekte.

Gene arabanın önünde oturuyorum. Diş ve boğaz ağrısı ile. Saat beşe çeyrek kala tüm sokak lambaları birden sönüyor. Alacakaranlık başladı. Sabah oluyor. Arabadan çıkıyorum. Nereye gitmek istiyorum ki. Nereye gidebilirim ki. Sürekli gitmek istemek de, bir yerde, hiçbir yerde olmak istemek değil mi. Olabileceğim bir yer kaldı mı. Hiçbir yerdeyim. Bir taksi durduruyorum. Otobüs terminaline varıyorum. Artık sokaklarda kalabalık insan grupları var. Duraklar, ilk araçlar doldu. Terminal, Topkapı terminallerinden daha karmaşık, daha pis. Yolcuların birçoğu köylü. Yugoslavya, köylüsü bol bir ülke. Ben köylüleri köylerde seviyorum. Kentlerin köy davranışlarını bırakmayan köylüler tarafından sarılması tedirgin ediyor beni. Köylerin de kentliler tarafından sarılması. Her ikisi de çarpık bir gelişme. Otobüsler eski. Her şey umutsuzluğumu çağrıştırıyor. Pisliği, bırakılmışlığı ve yoksulluğu. Ben de her zamankinden daha pis, daha bırakılmış ve daha yoksulum. Güne başlayabileceğim hiçbir somut ya da soyut görüntü yok. Artık ben de bir görüntü değilim. Tozum. Taşım. Daha sonraki saatlerde ısınacak havayım. Bütün bu yabancılık içinde tanıdık bir tek görüntü var. O da Viyana'dan buraya dek geldiğimiz kırmızı araba. Yeniden taksiye biniyorum. Ama şoföre söyleyebileceğim tek bir sözcük yok. Yolun gerisini işaret ediyorum. Dönüşünü. Araba nerde. Hangi yüksek yapıların altında. Hangi sokak lambaları altında. Her yön yüksek yapılarla dolu. Her yönde aynı yüksek sokak lambaları yükseliyor. Hangi park yerinde. Her yer park alanı. Tüm dünya yüksek yapı. Yüksek sokak lambası. Şoför ile konuşabileceğimiz hiçbir dil, hiçbir sözcük yok.

Birden

— Volvo, diyorum.

Ana yola çıkarken, arabanın gerisinde büyük bir Volvo yazısı gözüme ilişmişti. Ama şimdi bildiğim ve sığınmak istediğim tek bir görüntü olarak yeniden arabayı ararken gene uzun bir yolculuktayım. Ya o da ben indikten sonra yola devam ettiyse. Bu olasılık bana o denli umutsuz görünüyor ki, gülmekten kendimi alamıyorum ve dudağımı ısırıyorum. İşte araba bıraktığım yerde duruyor. Ancak şimdi doğmuş olan güneşin altında. Cama vuruyorum. Kapıyı açıyor. Yerime oturuyorum. Gene dişim ağrıyor. Gene sigara içiyorum.

Saat sekizde:

— Artık gidebilirim. Belgrad'a doğru, diyor.

— Ben de, diyorum.

Gideceğim yolun tam aksinde yol alacağım bütün gün. Ne değişir.

Güneş parlıyor.

Sekiz saat hiç durmuyor. Federal Almanya, Belçika, Hollanda, Avusturya, Fransa plakaları taşıyan binlerce araba Edirne yolunda. Ben de onlardan birinin içindeyim.

Arabaların içi solgun yüzlerle dolu. Sapsarı yüzlü erkekler direksiyonda. Kadınlar esniyor. Çocuklar arkada sersemlemiş. Böylesi bir yoksulluk karşısında, benim sınırlarımı arayış içindeki yitikliğim gene de bir bağımsızlık. Bir gün daha. Bir gün daha kendi kendimin tutuklusu kalacağım. Sonra kendimi de, içimdeki "ben"i de kurtarmış olacağım. Yüklü arabalar. Yorgun esmer yüzler. Araba denen bu teneke hücrelerde insanlıkla bağdaşmayan yorgunluk, varmanın beklentisi. Çağımızın en büyük acısının yaşamını yabancı ülkelerde kazanmak zorunda bırakılmışlık olduğunu görüyorum.

"Biz kendimizi kendi köyümüz dışındaki her yerde rahat sayan huzursuz insanlarız" diyor Pavese'nin bir kahramanı.

Kalabriyalı biri.
Tıpkı Anadolu insanı gibi.

III

"Denizin dümdüz yüzeyi boyunca sonsuza dek böyle gidebileceği duygusuna kapıldı."

Sordukları zaman, bana ne iş yaptığımı, evli olup olmadığımı, kocamın ne iş yaptığını, ana babamın ne olduklarını sordukları zaman, ne gibi koşullarda yaşadığımı, yanıtlarımı nasıl memnunlukla onayladıklarını yüzlerinde okuyorum. Ve hepsine haykırmak istiyorum. Onayladığınız yanıtlar yalnız bir yüzey, benim gerçeğimle bağdaşmayan bir yüzey. Ne düzenli bir iş, ne iyi bir konut, ne sizin "medeni durum" dediğiniz durumsuzluk, ne de başarılı bir birey olmak ya da sayılmak benim gerçeğim değil. Bu kolay olgulara, siz bu düzeni böylesine saptadığınız için ben de eriştim. Hem de hiçbir çaba harcamadan. Belki de hiç istediğim gibi çalışmadan. İstediğiniz düzene erişmek o denli kolay ki... Ama insanın gerçek yeteneğini, tüm yaşamını, kanını, aklını, varoluşunu verdiği iç dünyasının olgularının sizler için hiçbir değeri yok ki.. Bırakıyorsun insan onları kendisiyle birlikte gömsün. Ama hayır, hiç değilse susarak hepsini yüzünüze haykırmak istiyorum. Sizin düzeninizle, akıl anlayışınızla, namus anlayışınızla, başarı anlayışınızla hiç bağdaşan yönüm yok. Aranızda dolaşmak için giyiniyorum. Hem de iyi giyiniyorum. İyi giyinene iyi yer verdiğiniz için. Aranızda dolaşmak için çalışıyorum. İstediğimi çalışmama izin vermediğiniz için. İçgüdülerimi hiçbir işte uygulamama izin vermediğiniz için. Hiçbir çaba harcamadan bunları yapabiliyorum, birşey yapıldı sanıyorsunuz. Yaşamım boyunca içimi kemirttiniz. Evlerinizle. Okullarınızla. İş yerlerinizle. Özel ya da resmi kuruluşlarınızla içimi kemirttiniz. Ölmek istedim, dirilttiniz. Yazı yazmak istedim, aç kalırsın, dediniz. Aç kalmayı denedim, serum verdiniz. Delirdim, kafama elektrik verdiniz. Hiç aile olmayacak insanla bir araya geldim, gene aile olduk. Ben bütün bunların dışındayım. Şimdi tek konuğu olduğum bu otelden ayrılırken, hangi otobüs ya da tren istasyonuna, hangi havaalanı ya da hangi limana doğru gideceğimi bilmediğim bu sabahta, iyi, başarılı, düzenli bir insandan başka her şey olduğumu duyuyorum.

Herhangi bir yol. Bu yolun İstanbul'da bitmesi bir raslantı. Kenti, ülkeyi, yolları ben seçmedim ki. Hiçbir yerde değilim. Hiçbir yerde olmayacağım. Hiçbir şeyi benimsemeyeceğim. Uzay kentlerini andıran bu otelde yıllar boyu binlerce insan konaklayacak. Ben onlardan birincisiyim. Burada oturuyorum ve temmuz ayının zaman zaman bulutlanan gökyüzüne bakıyorum. İnsanlarla konuşuyorum. Özlediğim tepelere bakıyorum. Her tepe benim değil mi. Her toprak. Her insan. Her insan ben değil miyim. Her insan kendi sevgisini taşımıyor mu. O halde neden ilişkileri bir tek insanda toplamak. Alışılagelmiş ilişkilere karşı çıktığın an, insanı yadırgıyorlar. Toplumdışı bırakmak için tüm çabalarını harcıyorlar. Toplum dedikleri kitlenin bir aradaki dayanılmaz yabancılaşmasını sanki kimse algılamıyor. Aklımı ellerinizden kurtardım. Geçti. Ben gökyüzümün altında, topraklarımın üzerinde olacağım. Toprakların dümdüz ve sonsuz ufku boyunca sürekli gideceğim.

Güzel, küçük burjuva ya da büyük burjuva ya da parlak, duygusal, romantik, heyecanlı, harika, içten, sürekli, gelişen insan ilişkileri, ikili insan ilişkileri hiçbir zaman çıkış noktam olmadı. Bu tür ilişkileri, sürekli evlilikleri her zaman yanlış, toplumsal düzenin yanlış kurumları olarak nitelendirdim, nitelendireceğim. Onlara karşı direndim, direneceğim. Kurumlarınıza uyuyor gibi görünmem, onlara karşı direnmemi ancak böyle sağlayabileceğime inanmamdandır. Başarı diye nitelendirdiğiniz olgulara direnmem için en az sizin kadar başarılı olabilmem gerektiğinden. Böylesi bir görüş dışında var olmak istemiyorum. İnsan ilişkilerini değiştirmek için yaşıyorum. Hiçbir şeyin değişmeyeceği umutsuzluğuna kapıldığım kısa anlar kadar korkunç ve umutsuz anlar tanımıyorum.

Değişecek. Dünya küresinin dağları, denizleri, okyanusları, gölleri, ovaları, bozkır ve çölleri, nehir yatakları, buzulları, kent ve köyleri nasıl değişiyorsa, insan ilişkileri de değişecek. İnsandan, içgüdüleri ile bağdaşmayan uğraşların beklenmediği bir dönem de olacak. Kurallar doğrultusundaki bir yaşam yalnız ve yalnız durgunluktur. Başka hiçbir şey. İşte dün böylesine oturdum yeni otelin terasında. Doyumsuz dünyanın güneşi altında ısındım. Doyumsuz ışıklarına baktım. Bir kasım ayı gökyüzünü düşündüm. Geniş bir ağaçlık alan üzerindeki bulutları. Gri rengin tüm çeşitlerini, koyu ve açık tonlarını içeren, kış mevsimini yaklaştıran yoğun bulutları. Bulutlar arasındaki küçük boşlukların derinliğindeki maviliği. Bu boşluklardan sızan ve rüzgarla birlikte batıya doğru yürüyen ışık yollarını. Doyumsuz bulutların sonsuzluğunu.

Dün masama gelip oturanlar oldu. Bir kamyon şoförü, otelin mühendisi. Yüzme havuzu inşaatında çalışan işçiler. Birlikte kahve ve konyak içtik. Biri, karısından ayrılmanın burukluğu içindeydi. Sevgiler geçer, sevgiler gelir, dedik. Tüm ayrılıklara, tüm sevgilere içtik. Herhangi bir temmuz gününün anlarını yalnız bir kez bölüştüğüm bu insanlar ne denli dost.

Güneş tepelere yaklaşırken gene terastayız. Gene kahve ve konyak içiyoruz. Biri, adının "Zoran" olduğunu ve bunun "Güneş doğuyor" anlamına geldiğini söylüyor.

Şimdi saat sabahın sekizi. Yazmaya ara veriyorum. Gitmem gerek. Yeni resimler görmem gerek. Benimseyeceğim, içimdeki kıpırdanışları dolduracak bir resim bulana dek gitmem gerek. Bu kez S. Stefano Belbo'ya dek. Otuz iki yıl önce intihar eden bu yazar, sanki orada beni bekliyor. Onun tepelerini, onun evlerini, onun caddelerini görmek, onu koşullandıran doğa parçasını yaşamak, biraz da onu yaşamak olmayacak mı.

E-5'e dönmeyeceğim. Başka yollardan gitmem gerek. Her gittiğim yolun yeni bir yol olması gerek.

Hava bulutlu. İşçiler Türkiye'ye doğru akıyor. Kavrayamıyorum. Çevremde olup biten hiçbir şeyi kavrayamıyorum. Oysa hiçbir durum yabancı değil. Ama kavranması, benimsenmesi olanaksız. İnsan yalnız kendi değer yargılarını benimsiyor. Ve bunlar genel yaşam yargılarından o denli başka ki... Uzun yıllar boyu bu yaşama karşıt yaşamı sürüklemek hiç de kolay değil. Hem kolay, hem mümkün değil. Yabancısı olmadığım bir tek olgu var. O da kendi varoluşum. Belki tek mutluluğum bu. Tek bağlantım. Kendimi kavrayamazsam, tüm varoluşum yitmiş demektir.

"Tek günah, insanın kendi yaptığını kavrayamamasıdır."

Her yerde tatile giden ya da tatilden dönen insanlar kaynaşıp duruyor. Araplar, Almanlar, Türk işçileri ve Yugoslavlar ve her ulusun insanları. Otelin önünde büyük bir otobüs duruyor. İçi Türk işçileriyle dolu. Çalışan insanların hepsi doğal. Tatil insanlarının hiçbiri, hiçbir yerde dayanılır gibi değil.

Duvarlarım gerisine dönmem gerek. Gökyüzü altındaki yaşam bana göre değil. Ben gökyüzüne ancak duvarlarım gerisinden bakabilirim. Cenova'da olduğu gibi denizi bulmam mümkün olmayacak. Ben ve benim gibilerin tüm çevresinin gene kendi duvarları gerisi olduğunu anlıyorum. Kumsalımız, caddelerimiz, ağaçlarımız, sevgilerimiz yalnız ve yalnız düşüncelerimizle sınırlı. Tüm dünyamız. Çok genç yaşlarımın, henüz yirmime varmadığım yaşların nihilizmi, şimdi bu yol kenarındaki büyük otelden ayrıldığım anlarda en güçlü inanç olarak yeniden beliriyor. O zamanlar dünyayı tıpkı bugünkü gibi, tıpkı şimdi, şu an önümde, E-5 üzerinde uzandığı gibi düşünmüştüm.

Yağmur çiseliyor.

Buğdaylar biçilmiş, tarla üzerinde yığılı duruyor. Gençlerin hiçbiri yok. Bayrakla dans eden gençler. Bayrakları sevmem. Çocukken de bayrakları sevmezdim. Dün ısıtan güneş de yok bugün. Zoran doğmadı.

Otobüs İstanbul'dan geliyor. Otobüsten şişman kadınlar iniyor. Uzun, renkli etekler giymişler. Büyük şişelerde su taşıyorlar. Bütün bu insanlar hem çok yemek yiyor, hem de çok su içiyorlar.

Bulutlu ve yağmurun çiselediği bir temmuz sabahında S. Stefano Belbo'yu özlüyorum. Torino'ya varabilmeyi. Akdeniz'den vazgeçtim, Güneşten ve sahilden de. Oralar, tatil insanlarının. Oysa ben tüm yaşamı gökyüzü altında bir tatil olarak görüyorum. Çalışmayı bile. Belki de çeşitli ülke insanlarının yaşamından uzaklaşabilmek için, geceleri gündüze, gündüzleri gecelere dönüştürmem gerek.

Hangi zorunluluk her olguyu bu denli güçleştiriyor. Sözcükler. Ve aynı anda her şey olmak: Kadın, erkek, çocuk, yetişkin, deniz, güneş, gece, sabah, korku, cesaret, sonsuzluk, sınırlılık, karanlık, bulut, seven, sevilen, giden, duran, anlayan, anlamayan, doğan doğmamış olan, var olan ve var olmayan bir hiç.

Otelde çalışanlardan birinin arabasıyla kente doğru gidiyoruz.

Bu kez kentin adı Niş.

Bir bütan-gaz deposu önünde duruyor.

— Araba gazla çalışıyor, diyor.

Arabanın benzin istasyonu önünde durmaması bile sevindirici bir değişiklik. Radyo günün ısı derecelerini veriyor. Tek sözcük anlamıyorum. Yağmur çiselemesini sürdürüyor. Hemen hemen günlük yorgunluğuma varmış durumdayım. Diş ağrımaya devam ediyor. Bütan-gaz bekleyen birçok araba birikiverdi.

Sessiz, yalın insanlar. Tatile çıkmış insanlara benzemiyorlar. Ama çıktıkları zaman benzerler. Radyoda bildiğim melodilerden biri çalıyor.

Dünya futbol şampiyonası bugün kulağıma çalınmadı. Bu da mutlulukların en büyüğü. Belki bundan sonraki şampiyonadan önce bu dünyadan gitmiş olurum.

Şimdi İngilizce bir şarkı. Amerikalıların dili her ülkede anadil gibi geliyor kulağa.

Niş'te çantayı gerimde sürükleyerek bir eczane arıyorum. İstanbul'un herhangi bir banliyösünü andıran bir kentteyim. Ya da İstanbul'da mıyım. Çevremde dolaşan kalabalık, ülkemin herhangi bir kentindeki kalabalık. Dükkanlardaki mallar, cumartesi sokaklarında alışveriş eden köylüler, kent ile iç içe girmiş köy, arada bir güzellikleri ve iyi giyimleriyle dikkati çeken genç kızlar.

Ağrı dindirici ve antibiyotik alıyorum. Gene çantayı arkamda sürükleyerek sokaklardayım.

Neden buradayım. Herkesin uzağındayım. Hiçbir tanıdığım olmayan bu kentte, bu ülkedeyim. Yorgunum. Yorgun olmasam daha kötü. Ama neden buradayım. Sözcükleri art arda dizebilmek için mi, kendi sınırlarımı zorlamak için mi, yoksa böyle bir yolculuğun sonunda yorgunluktan herhangi bir otelde yığılıp kalmak için mi.. Tanınmadığın bir kentte ne denli isterdin yitip gitmeyi... ama öyle kolay değil. Henüz rüzgarlara doydun mu. Sor kendine... henüz bulutlara doydun mu. Yeterince haykırabildin mi henüz.

Siyah başörtülü kadınlar İstanbul'un azınlık dediğimiz ve giderek gerçekten azalan kadınlarını anımsatıyor.

Ambassador Oteline giriyorum. Otel girişi gene yorgun Türk işçileriyle dolu. Türkiye'den dönen ya da Türkiye'ye giden işçiler. Sonsuzluğa dek yorgun insanlar.

Hemen otelden çıkıyorum.

Uzun yıllar önce, herhangi bir yolculuğumda, o zamanlar, dünyaya karamsar gözlerle baktığım yıllarda, bu otelde bir gece kaldığımı anımsıyorum. Eski, küflenmiş, korkunç, ürkütücü bir anı. Oysa bugünkü yalnızlığım içinde ne denli güçlü ve mutluyum. Korkunç diş ağrısına karşın. Arayışım içinde. Kendi sınırlarımın sonuna doğru çıktığım bu yolculuğun herhangi bir anında nasıl bağımsızım. Bir başımalığımı nasıl derinden duyabiliyorum. Ne kadar mutluyum.

Bütün uçaklar dolu. Yaşlı bir kadının bir başına çalıştırdığı kahvede oturuyorum. Hemen ilaçları alıyorum. Bu diş ağrıları garip bünyemin bir başkaldırışı. Diğer duyguları bana unutturmak için, dişim ağrıyor. Artık ağrımasın. Hiçbir şey anımsamıyorum. Özlemiyorum. İstemiyorum.

Bugün Roma ve Milano'ya kalkan uçaklara yetişemem. Bütün uçak seferlerini baştan sona geçiyorum: İstanbul-New York-Chicago: Sidney'den gelen uçak, İstanbul'a iniyor. Yugoslavya-Çin, Yugoslavya-Kuveyt. Yugoslavya-İngiltere, Yugoslavya-Fransa. Yugoslavya-İskandinavya. Yugoslavya-Hollanda. Yugoslavya-Belçika. Yugoslavya-Federal Almanya. Yugoslavya-Avusturya (Viyana). Yugoslavya-İtalya. Yugoslavya-İspanya. Yugoslavya-Türkiye-Mısır-Suriye. Yugoslavya-Libya-Malta-Tunus. Yugoslavya-Cezayir. Yugoslavya-Irak-SSCB-Polonya, Macaristan, Demokratik Alman Cumhuriyeti-Bulgaristan-Çekoslovakya-Arnavutluk- Romanya. İçhatlar: Hiçbirinde yer yok.

Venedik'e bir tren bileti alıyorum.

Şimdi kent merkezinde yüksek bir yapının ikinci katında oturuyorum. Buranın mı, Türkiye'nin mi daha karmaşık olduğunu düşünüyorum. Hemen hemen aynı karmaşıklık. Önümde gene bir zafer anıtı. Bir ülkenin zaferi, diğer ülkenin yenilgisi. Zaferler de, yenilgiler de insan ölüleri üzerinden geçiyor.

Lokantanın sigara dumanı içindeki havası. Tül, pis perdeler. Kirli kül tablaları. Soluk alınmayan hava. Herkesin ağzında bir sigara. Burada sokak satıcıları eksik. Altın dişli, boyunlarına altın zincirler takan, ipek gömlekli, büyük arabalar içinde yaşayan yeni zenginler eksik. Bir süre daha o yeni zenginleri görmemek ne denli bir mutluluk.

Bir çocuk bağırıyor. İstasyona gideceğim. Hava dayanılır gibi değil. Hesabı öderken:

— Nerelisin, diyor garson.

— Hiçbir yerli.

Sonra dünya futbol şampiyonasına olan ilgimi soruyor.

— Hiiiiiç, diye bağırıyorum.

Merdivenleri inerken arkamdan biri bağırıyor:

— Alman, Alman.

İstasyona giden otobüste karşımda oturan, anlamlı kadın yüzlerine bakarken, bulunduğum yabancılık içinde bağlantılar aramasam da, düşünceler kendiliğinden buluyor ilişkileri. Duyguların sözcük karşılıklarını aramadan istasyona doğru gidiyorum. E-5 üzerinde ve yeni otelde olmadığım için daha iyiyim. Çünkü gene hiçbir yerdeyim. Üzgün değilim. Mutlu da değilim. Duygusal buruklukardan uzağım.

"Yalnız sağlıklı insan aklı ile yaşansaydı, değmezdi yaşamaya can sıkıcı olurdu. Tam aksine güzel olan dünyanın gökyüzü altında bir deliler topluluğunu andırması."

Niş tren istasyonunda ses yükselticileri, İstanbul'dan gelen ve İstanbul'a giden trenlerin yaklaştığını bildiriyor. Bütün trenlerin bağlantısı İstanbul. Ben, İstanbul'dan uzaklaşmaya çalışırken her şey İstanbul'u çağrıştırıyor.

"Tüm yaşam, diye düşünüyorum böylesi sabahlarda, tüm yaşam güneş altında bir oyun."

Niş tren istasyonunda uzun vagonlar arasındayım. Burada da peronlara varabilmek için tren rayları üzerinde yürüyenler var.

Trenlerden biri Münih-Paris ve Viyana Güney İstasyonundan gelen vagonlardan, diğeri Sirkeci'den kalkmış, Münih, Paris ve Viyana Güney İstasyonuna giden vagonlardan oluşuyor, ben bu trene bineceğim. Binmesem mi. Kendimden uzaklaştırmaya çalıştığım anılar, düşünceler, özlemler, bu iki uzun siyah vagonlar arasında yürürken, bütün gün bulutlarda bekleyen sağnak yağmur ile birlikte başımdan aşağı boşanıyor. Her iki peronda durmuş uzun kara vagonların pencerelerinden gene yorgun işçi yüzleri sarkmıyor mu.

Hareketlilik. İşte, iyi ki gene hareketliliğin içindeyim. Ben gitmiyorum. Raylar üzerinde iletiliyorum. Mısır tarlaları boyunca.

"Ama ben, ama ben tüm mısır tarlalarının ve tüm boş gökyüzlerinin çok uzağındayım."

Perşembe günü ilerlediğim uzaklığı şimdi geri dönüyorum.

Cumartesi. 10 Temmuz.

Perşembe gününü anımsıyorum. Derin yorgunluk ve uyku arasında oturup, gözlerimi yumamadığım saatleri. Bu ölümsü yorgunluğun tadına varmaya çalıştığım anları. Mozart'ın klarnet konçertolarını dinlediğim uzaklıkları. Bütün yolculuk, Mozart'ın müziği ve ölümsü yorgunluktan oluşuyordu. Bu yolculuğun sonunda Zoran'ı tanıyacaktım. 1041 kilometre gitmek, onu tanımak için değil. Ne kimseyi unutmak, ne kimse ile olmak için değil. Yalnız kendimi 1041 kilometre zorlamak için.

Patlamak istiyorum. Dağılmak. Parçalara ayrılmak. Kompartımanda, karşımda babaları ile iki çocuk oturuyor. Biri kız, biri erkek. Kız daha büyük. İkisi de ellerinde aynı hasır şapkayı tutuyor. Babaları, çocuklarını deniz kıyısına götürdüğünü söylüyor. Birdenbire çocukluğumu anımsıyorum. Eski, yavaş trenlerle gittiğim Ege kıyılarını, Ege kentlerini. Bizi Bozdağlara, Gölcük'e götüren babayı. Hasır şapkam yoktu. Trenleri çocukken de severdim.

Ama otobüslerde midem bulanır, kusardım. Bu dünyada neyi tanıyacağım, diye düşünürdüm. Bir gün, yıllar, yıllar, onyıllar öncesi Bozdağlar gerisinden Gölcük'e inen bir otobüsten, boğulmuş, bembeyaz bir erkek cesedi görmüştüm. Bunu neden şimdi Trieste'ye doğru ilerleyen bu tren kompartımanında anımsıyorum. Babaları ile deniz kıyısına giden, ellerinde hasır şapkalar tutan bu iki çocuk bana neden hiç düşünmediğim bu korkunç resmi düşündürüyor. Bu çocuklar da benim çocukluğumdaki gibi merak ve korku ile mi bakıyor doğaya, dağlara, mısır tarlalarına, deniz yüzeyine.

"Ama ben, ama ben tüm mısır tarlalarının ve tüm boş gökyüzlerinin çok uzağındayım."

Tren, Niş'ten Belgrad'a doğru gidiyor. İçimde Torino'yu tanımanın, onun caddelerinde dolaşmanın sevinci beliriyor. Ama ilkin Trieste'nin rüzgarlarını duymak istiyorum tenimde. İtalo Sevevo'nun kentinin rüzgarlarını. Müthiş bir ihtirasla Ada'yı seven ve Zeno Cosini romanında Ada'yı mutsuzluklar içinde yıkan Svevo. Edebiyatın aşk, çelişki, acı, gözyaşı, intihar dolu derin yaşamı. En güvendiğim duygum, en sadık dünyam.

Şimdi, akşamı hazırlayan alacakaranlık içinde yitecek tepeler arasında ilerlerken, somut ve soyut varlığımı en derine indirmiş, yitirmiş durumdayım.

Korkunç diş ağrılarına karşı bir ilaç alıyorum. Uyuştum. Ağrı biraz geçer gibi oluyor, sonra birden üzerime dayanılmaz biçimde çullanıyor. Ve bu trenin kompartımanında bağırmama da olanak yok. Böylece Trieste'ye doğru ilerliyoruz:

Ben, yorgunluk ve diş ağrısı.

Başka her şey unutuldu.

Yolculuklar ilginçtir. Yaşamın sürekliliği içinde, başlı başına kesitler oluştururlar. Dağlardan, deniz kıyılarından, kentlerden, gecelerden geçilir. İnsanlardan geçilir. Irmaklar görülür. İnsanlar görülür. Kalabalık ya da bomboş istasyonlar belirir. Sonra herhangi bir ormanla karşılaşırsın. Belki birkaç gün önce geçtiğin bir orman. Bir kent. Ağaçların kızıl kahverengiliğini, yeşilini, çıplaklığını algılamış mıydım, diye sorarsın kendi kendine. Yol kıyısında bir başına bir çocuk durur. Büyük bir siyah şemsiye tutar elinde. Yeşil, yün örgüsü bir başlık giymiştir. Elinde gene yeşil, cırtlak yeşil bir plastik torba tutuyordur. Yanı başında güttüğü iki koyun durur. Çocuk, kendini bürüyen yalnızlığın, boşluğun bilincinde değildir. Ve diğer dünyaların. Her insanın oluşturduğu bir bütün dünyanın. Sonra yol ilerler. Dünyalara açılan, yeni yaşamlardır yolculuklar.

"Birdenbire önünde açılan gecenin gökyüzü olduğunu kavradı. Ve gözü ancak sabah ağarırken bir trende oturacağını ve yaz günleri altındaki topraklarda ilerleyeceği kadarını görüyordu. Bağımsız geçip gideceği, o görünmeyen insan duvarları gerisine her zaman için kapanacağını görüyordu. İşte sınır buydu ve tutukevinin tüm suskunluğu hiçlikte yitti. Gecede."

IV

Trieste'de otel odasının küçük balkonunda oturuyorum. Önümde üç büyük çatı. Televizyon antenleri. Bacalar. Gökyüzünde yaz bulutları. Güneş, bulutları delip bize varıyor.

Pazar.

Saat ona çeyrek var.

Ayağa kalkınca, karşıdaki dar sokağın iki yanında sarı renkleri solmuş yapıların yükseldiğini görüyorum. Balkondan uzaklaştıkça, çatılar sıklaşıyor. Kentin, puslu güneş ışığı altındaki pazar günü görüntüsünü uzakta gene çatılar daraltıyor. Çatılar gerisinde geçip gittiğim ya da geldiğim ülkeler uzanıyor. Sonsuza dek gidebilme içgüdüsü, dünyanın görüntüleri doğrultusunda.

Pazar günü, bu kentte hiç tedirgin etmiyor beni.

Balkon duvarları omuzlarıma kadar yükseliyor. Yeryüzünden bu balkon, bu duvarlar ve karşımdaki çatılardan başka hiçbir şey görmemek rahatlatıcı ve mutlu kılıcı bir durum.

Daha sonraki saatlerde kent caddeleri ve sokaklarında yürüyeceksin. Italo Svevo'nun anlatımlarında dolaştığın, düşlediğin, düşündüğün sokaklarda. O zamanlar, İstanbul'un dayanılmaz kargaşası içinde Svevo'yu okurken, Trieste bulvarlarında dolaşan roman kahramanlarına ne denli özenmiştin. Bombaların patladığı, her gün, her gece silah seslerinin duyulduğu, her an, ölümün insanları bulduğu İstanbul kentinde dayanılmaz yaşamdan kaçılacak tek köşe gene kitaplardı. Bir kentin sokaklarında yürüyebilmek... Kentlerin sokaklarında yürümek yaşamın en güzel armağanlarından biri. Senin yaşadığın kentte bombalar patlamasa da yürünecek sokak kalmadı. Kaldırımları, yaya yollarını, havayı, gökyüzünü, vitrinleri, deniz yüzeyini arabalar ve siyah bir kalabalık kapladı. Sana kendi kentinden daha yabancı bir kent var mı. Derinliğini bu denli sevdiğin ve anını yaşayamadığın, giderek bırakıp attığın, uzaklaştığında yalnız bir tek resmini algıladığın o derin kent.

Şimdi yürümek için Trieste'desin. Aylar sonra yeniden gördüğün denizlerinin uzantısı olan deniz, daha sonraki saatlerde sıcaklıkla yer değiştirecek sabah serinliği içinde açılıyor.

Buradaki yosun kokusunu, buradaki rüzgarları tanıyorsun. Otelin önündeki ortaçağdan kalan antik alan, çevresindeki kahveler ve galerilerle bekliyor. Akşamüstü orada olacağım.

Yatağımda uzun boylu, ince, güzel bir delikanlı uyuyor. Varlığı hep duyulan, oysa yanına varıldığında, tenine dokunulduğunda yiten, yok olan bedenler, yiten özlemler. Çevremin yalnız cansız olgulardan, duvar, yatak, koltuk, televizyon, radyo, resim, bardak, musluk, lavabo, küvet, perde, balkon, sandalye, gökyüzü, bacalar, çatılar, uzantılar, özlemler, anılar, beklentiler ya da şarkılardan oluşmaması için, yatakta yatan ve soluyan biri var. Onun uykusu, mavi yatağı, lacivert kalın perdeleri, ipek kadife koltuğu, küçük televizyonu, barı, koridoru, duvarda asılı dinlendirici resmi, siyah lacivert banyoyu yaşama dönüştürüyor. Bu küçük balkon, yuvarlak masa ve gri beyaz metal sandalyeler de onun genç, güzel diriliği ile yaşıyor.

O uyuyan benim kendi gençliğim. Ölene dek birlikte sürükleyeceğim, vazgeçmeyeceğim gençliğim. Gençken de hem yaşlı, hem çocuk değil miydim. İşte şimdi yaz gününün pusu içinde balkonda oturuyorum. O lacivert kadife perdelerin gerisinde, uzantısında sıcaklaşacak güne doğru uyuyor.

Dün gece beni kollarına aldı. Başımı omzuna koydu. Gece. Tren Belgrad İstasyonunda durduğunda. Ve ben kendi sınırlarımın bitmiş sonuna vardığımda.

Şimdi ince bir ter bacaklarımdan doğru akarken, unuttuğum bir duygunun güzelliğini yaşıyorum. Kiliselerin çanları her saat çalıyor. Arada bir konuşanların sesi bana varıyor. Sık sık bir otomobil ya da mopet geçiyor. Ama Pazar gününün sessizliğini hiçbir gürültü zedelemiyor.

Tren Belgrad'da durduğunda, koridor, tatile giden Kuzey Avrupalı ve Yugoslavlarla doluyken, babalarıyla deniz kıyısına giden ve ellerinde hasır şapkalar tutan kardeşler akşam yemeklerini yerken ve çocuk gözleri ile dünyayı tanımaya çalışırken ve babaları hiç durmadan konuşurken, babalarının dört arkadaşı kompartıman kapısında dururken ve hepsi birlikte beyaz şarap içerken, büyük, kalın şişman parmaklarıyla ekmek ve salam yerken, sapasağlam bedenleriyle iştahla yiyip içerken, daha sonraki saatlerde gömleklerinin düğmelerini açıp, büyük, gergin göbekleriyle yanıbaşımda horlayan uykularına daldıklarında, tren Belgrad İstasyonunda durdu ve diş ağrılarım en yüksek noktasına erişti, trene bineli dördüncü ağrı dindiriciyi ve üçüncü antibiyotiği yuttum.

Birden üzerimi ateş bastı. Her yanım, her şeyim acıydı. Artık yalnız ağrı dindirici haplar, öldürücü yorgunluk, antibiyotik ve Berlin-Hamburg-Prag-Viyana-Zagrep-Belgrad-Niş-Belgrad arasındaki altı günde geçtiğim uzaklıktan oluşuyordum. Üzerimi müthiş bir ateş bastı. Yüreğimin durmak üzere olduğunu algıladım.

— Yardıma ihtiyacın var mı?
diye sordu karşımdaki Yunanlı. Durmadan ne hapı yutup duruyorsun.

Yorgun, zayıf yüzüm ve dayanılmaz diş ağrılarımla Yunanlı'nın karşısında oturuyorum. Üzerinde beyaz bir tişört, sarı bir pantolon var. Çok genç, ince. Saçları John Travolta biçiminde kesili. Mitscherlich ve Dieter Lattmann gibi, hiçbir yabancının okumayacağı Alman yazarlarının Yunanca çevirisini okuyor. Daha sonraki konuşmalarda kendi ülkesinin ozanı Ritsos'u tanımadığını öğreneceğim. Gençliği içinde, dünyadan oldukça habersiz. Kendi dünyasını da tanımıyor. Hiç hak etmediği biçimde şık. Gördüğüm bu kadar. Ama yardım isteyip istemediğimi sorduğunda, yanıtlamam olanaksız. Konuşamıyorum, ancak ağrıyan dişi gösteriyorum.

O da Torino'ya gidiyor. Orada Rolling Stones'un konserini kaçırmak istemiyor. Gitar çalıyor ve en çok Rolling Stones'u seviyor. Onlar için Selanik'ten Torino'ya gidiyor.

Geceyi omzunda geçiriyorum. Ne bayılıyorum, ne de durmaz yüreğim duruyor. Yorgun ve ağrılardan çatlayan, taşıyamadığım başımı, yirmi bir yaşındaki omzuna dayıyorum. Bana geceye dayanabileceğim gençliğimi veriyor, yeniden terleyebileceğim sıcağa doğru taşıyor beni. Akşama doğru Trieste Alanına ve Svevo'nun sokaklarına birlikte götüreceğim canlılığımı yeniden veriyor bana. Bir kez gördüğüm bu insan. Beni hiç tanımayan bu genç, bir kadına karşı, yıllar yılı en yakınımda taşıdığım erkeklerden daha sevecen. Yarın Torino'ya gitmeyeceğim. Burada rüzgarlarımı buldum. Saat beşe on kala, alanda orkestra çalmaya başlıyor. İnsanı gecenin güzelliklerine hazırlayan, insanı çağıran, yaşamın kucağını açan, alandan yükselen hafif bir müzik.

Piazza Unita d'Italia Triesta'daki otelden birlikte çıkıyoruz. Küçük bir gezinti. Uzun bir yürüyüşün, sonsuz bir yürüyüşün küçük bir kesiti. Uzakta, yeşil tepelere doğru yiten yollardayız. Yeniden deniz kıyısında durduğumuzda, hafif bir yaz yağmurunun damlaları buluyor bizi. Limanlar, kentimin limanını anımsatıyor. Ama burada denizde trafik yok. Gemilerin, denizin güzel gürültüsü yok. İstanbul'un gölgesinin yükseldiği Sarayburnu gerisini düşünüyorum bir an. Haydarpaşa vapur iskelesinde Christa, Achim ve Süm ile birlikte saatlerce beklediğimiz Ada vapurunu, henüz Christa'nın yaşadığı bir sabah. Atlı arabayla adanın boş sokaklarından geçişimizi anımsıyorum. Bahçeli evler yaz konuklarının sessiz beklentisi içinde. Christa üşüyor. Hepimiz üşüyoruz.

Alandaki kahvede otururken garip bir rahatlık duyuyorum. Yağmur dinmiş bile. Çevrem her yaşta insanla sarılı. Hiçbiri yalnızlığın insanı değil. Güneş altında yaşayan insanlar. Önümdeki geniş alanda, genç, yaşlı, güzel, güneşten yanık tenli, moda giysiler içinde gezinen kentliler. Arada bir kalabalık içinden çok zayıf yaşlı bir kadın siyahlar içinde gelip gidiyor. Kahveye giren beyaz keten giysili, hasır şapkalı, kahverengibeyaz ayakkabılı yaşlı adam, deniz kıyısı kentlerinin yaz şıklığı yanı sıra, bana babamın Gölcük'teki giyinişini de anımsatıyor. Sonra gene ağabeyimi anıyorum, beyaz-kahverengi ayakkabılarını giyip, Taksim'deki kahveye arkadaşlarını görmeye gidişini.

İstanbul görüntüsünde bıraktığım güvercinler de işte burada.

Yunanlı'nın durgunluğu bana da yansıyor.

— Ne zaman Selanik'e geldin, diyor.

— Sen ne zaman doğdun, diyorum.

— Bin dokuz yüz altmış ikide, diyor.

— Belki de o yıl geldim, bir gece kaldım, diyorum.

Beni nasıl karşıladığını hiç düşünmüyorum. Kimsenin beni nasıl karşıladığını hiç düşünmüyorum. Belki bencillik ediyorum ama, artık bir yerde, ancak benim, kendimin herkesi ve her olguyu nasıl karşıladığım ilgilendiriyor beni. Hiç değilse böyle davranmayı hak ettiğimi sanıyorum. Bu hakkı kendi kendime verdim, en genç yaşlarımda istediğimle yatmak hakkını kendi kendime verdiğim gibi. Varoluşumuzun en güzel inceliğini, bir başka insanın teniyle birlikte olma isteğimizi kimseye kısıtlandırmadım.

— Hoş bir kadınsın, diyor.

Bütün bu bilmediğim yüzler arasında bir yüzü biraz olsun tanımam, bu an için, ılık yaz akşamının rahatlığı içinde doyum verici bir duygu.

Çanlar çalıyor. Saat yediye çeyrek var.

Otelden çıkmadan önce ayna önünde yorgun yüzümü çevreleyen saçlarımı tararken, Gerede'de beyaz okul yakalarını ve tafta kurdelelerini kolalayan çocuğu, bayram günlerinde kahramanlık şiirleri bağıran öğrenciyi, kentten kente koşan, dünyayı arayan genç kızı, yorgun bir ev kadınını, iki kocanın hem sevdiği, hem hırpaladığı, iki kocayı, hem seven, hem hırpalayan, iki koca tarafından hem aldatılan, hem iki kocayı aldatan kadını, bütün direncini kendi kaynağından alan kadını, hiçbir zaman yaşamın dışına atılmamış bir insanı düşünüyorum. Onu itebilecek tek kişi gene kendisi. Kendine yaşamın sonunu başlangıç yaptın, diyorum... Ölümü denemekse on sekiz yaşında intihar ettin, güzel genç bedenin ile ölmek, cesedini bulacak kişileri korkutmak, alın, bu acımasız yaşam sizin olsun, demek istedin. İyileştirdiler. Sana daha da acımasız olduklarını yaşatmak istediler. Artık sen de acımasızsın.

Daha sonra aklın sınırlarını zorladın, diyorum. Çünkü aklın sınırları can sıkıcıydı, yaşam boyu yeterli olamazdı. Bir boyut daha kazanmak gerekirdi, herkesin erişemediği bir boyut daha kazanmak, diyorum. Akıldan öte giden, akıldan daha derinlere varan bir boyut olmalıydı.

Ve küçük yaşlarımdan beri beni ilgilendiren deliliğin boyutlarına ne denli gerçek ve ne denli cesur atılımımı düşünüyorum. Yaşamımda elde edebildiğim bir tek başka boyut var: Kimsenin sahip olamadığı bir boyut. Cesaretleri yetmediği için sahip olamadıkları bir boyut. Kendi kendilerine kıyamadıkları için, yaşam boyunca sürüklenip çıkamadıkları aklın boyutları. Deliliğin derin boyutunu tanıyorum, diyorum. Akıl ve delilik arasındaki o ince çizgiyi. Önümde açılan puslu Akdeniz'in gökyüzüyle birleştiği ufuk çizgisi gibi. Denizin nerede bittiği, gökyüzünün nerede başladığının belirlenmediği sınır çizgisi gibi. Artık kimse karşıma çıkıp, bana bencil olduğumu söylemesin. Her "ben" bencildir, her "kır" kırsal olduğu gibi.

Her olgu, her varlık nasıl olabilecekse, öyle. Güvercinler uçuyor. Kahve orkestrası romantik, duyarlı melodiler çalıyor. Özlem uyandıran, yitik özlemleri çağrıştıran şarkılar. Piazza Unita d'Italia Triesta'da bir tabur asker bayrak törenine başlıyor. Çanlar saat 19'u çalıyor. Orkestra "Besame mucho"yu.

— Bu şarkıyı biliyor musun, diyor Yunanlı.

— Evet, biliyorum, diyorum.

Tüm gençliği, inceliği, güzelliği içinde karşımda oturduğu sandalyede kendini bana sunuyor. Hiçbir şey söylemeyen bir canlı. Onu ne yapabilirim. Hiçbir kimseden hiçbir şey istediğim yok. Yaz insanları alanda gezinirken, köpeklerini gezdirirken, kahveye girip çıkarken, birbirleriyle konuşurken, o, elimi okşuyor. Çocuklar top oynarken, bisiklete binerken, güvencinler uçarken, sol bacağımı okşuyor hafifçe. Ona bir gezinti yapmamızı önereceğim.

Denize açılan kısa yolu yürüyoruz. Güneş, puslu gölgeler içinde yükselen tepelerin tam karşısında duruyor. Svevo'nun, Zeno Cosini'de anlattığı tepeler bunlar olmalı. Ada'nın kocası, Guido ile uzun yürüyüşlere çıktığı tepeler bunlar olmalı. Zeno'nun kıskançlıktan Guido'yu aşağıya atarak öldürmeyi düşündüğü tepeler bunlar olmalı.

Pazar sokaklarının sessizliğinden geçiyoruz. Tepeler doğrultusunda ya da tepelerin yamaçlarına uzanan dar sokakların kıyısındaki eski yapıların tahta kepenkleri kapalı. İşte bir tepenin yamacına çıkabiliyorum. Aylardır hiçbir tepeye çıkmadığımı anımsıyorum. Ben ki, Boğaziçi'nin tepelerinden, yokuşlarından gelenim. Bir Fiat araba üzerinde, bir erkek kedi, bir dişi kediyle çiftleşiyor. Herhangi bir evin, giriş katının penceresi açık. Kadın yatakta uzanmış. Erkek mutfakta. Raf üzerinde transistorlu radyo. Adalar'ın bitkileri kokuyor. Güneş büyük, koyu yeşil, güçlü çamlara doğru iniyor. Castello e Catedrale di S. Guista tepesindeyiz. Defterime not alıyorum. Defterimde İstanbul'dan beri yanımda taşıdığım, Svevo'nun bir cümlesini buluyorum: "Hiçbir zaman sakin olamamak belki de benim yazgım."

Şimdi çanlar saat 20'yi çalıyor. Güneş henüz çamların tepesine varmadı. Akdeniz üzerine yansıttığı kırmızı-turuncu ışıklarını dallar arasından görüyorum. Dünyanın yaradılışını düşündürüyor. Her an, bu dünyanın her anı ne denli yoğun. Bakmasını bilince.

Daha sonra, Corso d'Italia'ya indiğimizde, güneş henüz büyük yapılar üzerinde durmakta. Az sonra sokaklar, ardından da gökyüzü kararacak, gece inecek, yalnızları daha yalnız, hastaları daha hasta kılmak için.

Şimdi sokaklar boş. Her köşeden filmlerden tanıdığım Mussolini'nin sesini anımsatan mekanik bir ses geliyor kulaklara. Genç, çok güzel bir kız motosiklet üzerine oturmuş, bir futbol maçının naklen yayınını dinliyor. Evlerin açık pencerelerinden aynı futbol maçının yayını işitiliyor ve arada bir bağrışlar.

— Kim oynuyor, diye soruyorum Yunanlı'ya.

— İtalya, diyor.

— Kime karşı, diyorum.

— Federal Almanya'ya karşı, diyor.

— Son maç mı bu yoksa, diyorum.

— Son maç, diyor.

Demek tüm kent futbol seviyor. Çünkü sokaklarda dolaşan bir ben, bir de Yunanlı. En güzel akşam alacakaranlığına doğru yürüyen bir biziz. Terk edilmiş bulvarların, kapanmış kahvelerin teraslarında oturan tek tük erkekler var. Yalnızlığın heykelleri gibi. Hiçbir zaman, hiçbir olayla ilgilenmeyen, sevinmeyen, yaşama katılmayan, yalnızlığı, sonsuz yalnızlığı yaşayanlar oldukları belli. Küçük vitrinlerden birinde, cam gerisinde canlı bir kedi oturuyor. Gene dar sokaklardan birinin açık penceresi ve yarı aralık kepenkleri gerisinden, yaşamış bir kadın yüzünün sokağa doğru baktığını ve sigara içtiğini görüyorum. Yorgun bir kadının yaşlı yüzünü.

Lokantada televizyon ekranının görünmediği bir tek masa var. O boş. Kalabalığın üzerinde yaz güneşinin güzel, canlı, sağlıklı renkleri. Ama tümü yalnız futbolu izliyor, futbolu düşünüyor. Patlıcan, makarna, peynir kokuları üzerinde temmuz sıcağı. Sokakta gün henüz bitmemiş. Yaz aylarının uzun günleri... doyumsuz uzun günler. Televizyon arada Rolling Stones'ların hareketli bir parçasını çalıyor. Kalkıp futbol izleyicilerinden birine Torino'daki konseri soruyorum.

— Yarın saat sekizde, diyor.

Masaya dönüyorum. Yunanlı'nın olumlu yönü maça olan ilgisizliği.

— Konser yarın saat sekizde, diyorum.

— Hangi trene binmem gerek yarın, diyor.

— 6.42, diyorum.

— Ama neden bu gece gitmiyorsun. Bütün gün uyudun. Bir saat sonra Torino'ya bir tren var. 22.08.

Artık perdeleri, duvarları, kapıları, yaklaşan geceyi, ılık yaz gecesini, kent çevresinde yükselen tepeleri bir başka insanın soluğu olmadan algılamalıyım. Piazza Unita d'Italia Triesta'ya açılan son sokağa vardığımızda birden tüm kent haykırıyor. Tüm ülkenin sesi, bağırışı, çığlığı gökyüzünde bir bomba gibi patlıyor. İtalya bir gol atıyor.

Oda düzeltilmiş. Yunanlı çantasını alıyor. Gene deniz kıyısında istasyona doğru yürüyoruz. Bir elinde bavulu. Çevre karanlık. Denizden fosfor kokusu yansıyor. Ne denli yumuşak bir gece. Tüm acılardan ırak. Yorgunluklardan, düşüncelerden uzak, insanın okşamak istediği bir gece. Tanımadığım, istasyondan getirdiğim bu sakin insanı, bu okşanacak gecede, istasyona giden deniz kıyısında bırakıyorum. Hafifim. Kendi ağırlığımı duymuyorum. Hafif bir meltem gibi. Akdeniz kıyısı hep hafif bir meltem gibi.

Odama girdiğimde bütün ışıkları açıyorum. Televizyonu da. Bir film var. Oyunculardan hiç değilse birini tanımaya çalışıyorum. Olmuyor. Bardan bir madensuyu çıkarıp açıyorum. Nihayet radyoyu da açabilmeyi başarıyorum. Rolling Stones. Öyle sanıyorum ki, İtalya dünya futbol şampiyonu oldu. Diş ağrısının yavaş yavaş etkisizleşmesi ne büyük mutluluk. Derin, uzun bir uykuyu arzuluyorum. Başka hiçbir şey.

Spiker haykırıyor:

— Rolling Stones.

Öyle sanıyorum ki, şampiyonayı kutlamak için tüm kent sokaklara döküldü. İyi ki, daha önceden odaya girip, kapımı kitledim. Yanımda kimsenin bulunmaması da en büyük mutluluk.

Şimdi kentin tüm arabaları klaksonlarını çalıyor. Hiç ara vermeden. Pencereyi açmayı deniyorum. Ama dışarıda öylesi bir gürültü, öylesine haykırış var ki... İşte gene uyuyamayacağım. Gecelerdir diş ağrısının yavaşladığı saatlerde, futbol haykırışları yüzünden gece uykusuz kalacağım.

Merdivenleri iniyorum. Danışmada aynı görevli oturuyor.

— Şampiyon mu oldunuz, diyorum.

Yanıt vermeden hemen önünden büyük bir İtalya bayrağı çıkarıp, heyecanla havaya kaldırıyor. Alana çıkıyorum. Tüm kentliler, otelin, odamın tam önündeki alanda toplanmış. Alana açılan sayısız dar yolu arabalar tıkamış. Ne geri, ne ileri gidebiliyorlar. Her yer, her el, her boyun İtalyan bayraklarıyla donanmış. Tüm kadınlar boyunlarına bayrak sarmış. Çocuklar da. Herkes dans ediyor, haykırıyor.

— Viva İtalia.

Henüz konuşabilecek yaşa varmamış çocuklar bile Viva İtalia, diye bağrışıyor. Arabalar üzerine yarı çıplak genç kızlar zafer simgesi olarak oturmuş. Bayrak sallıyorlar. Kimi sevinçten, alandaki çeşmelerin içine girmiş, yıkanıyor. Gene otele giriyorum. Otelin yaşlı hizmetkarı bu zafere sevinmeyen tek insana benziyor.

Öfkeyle,

— Mamma mia,
diyor ve televizyon odasında maç izleyenlerin doldurdukları kül tablalarını boşaltıyor. Yüzü de çok asık.

Dünya Futbol Şampiyonası ile ilgili hiçbir şey duymak istemezken, şampiyona tam kafamın üzerinde patladı. Artık hiçbir şey düşünemiyorum.

— Birdenbire bir yağmur boşalmazsa, bütün gece haykırırlar, diyor yaşlı hizmetkar.

— Derin bir uykuya, sessizliğe öylesine ihtiyacım var ki, diyorum.

— Yarın da kutlar bunlar, günler boyunca, diyor. Size bir konyak getireyim mi?

— İlaç alıyorum, içki içemem, diyorum.

— Kulaklarınıza tıkaç bulayım bari, diyor.

Bu yaşlı hizmetkar kentin en akıllı kişisi galiba. Ne müthiş. Bu yaşta sağlıklı, olgun ve akıllı. Dış dünyanın tüm karmaşasına karşın. Yaptığı basit işe karşın.

V

Uyandığımda, gün ışığı kalın lacivert perdelerin iki yanından odanın alacakaranlığına sızmakta. Saat 6.20. Uyumadan önceki yorgunluğum içinde uyanıyorum. Hemen radyoyu açıyorum: Don Giovanni. İki saate yakın okuyorum. Sıcak ve soğuk duş alıyorum. İtalya'nın şampiyonluğu ilk haber olarak veriliyor ve anladığım kadar, bugün ülke Cumhurbaşkanı futbol takımını kabul edecek. Yeniden uyumayı deniyorum. Olmuyor.

Berlin'den ayrıldığımdan bu yana Falkland anlaşmazlığı ve İsrail'in Filistin'e karşı açtığı savaşla ilgili hiç haber almadım.

"İnsanları öldüren kader, onları görebilmemiz ve gözlerimizi bu cesetlerle doldurabilmemiz için bizi de sorumlu kılıyor. Korku, alışılagelmiş korku, kaçış değil. İnsan, gerçeği kavradığı için utanıyor – işte gerçek önümüzde: Her ceset sen, ben ya da biz olabiliriz. Arada hiç fark yok. Eğer yaşıyorsak, bunu bir başkasının kirletilmiş cesedine borçluyuz. Bu nedenle her savaş bir iç savaştır. Her şehit, yaşayan canlıya benzer ve ondan ölümünün hesabını sorar."

Yavaş yavaş topluyorum eşyalarımı. Bugün Pazartesi, 12 Temmuz. Hava bunaltıcı. Dişim az, ama başım çok ağrıyor.

Şimdi, kent kütüphanesinde, Italo Svevo'ya ayrılmış bölümde oturuyorum. Girişte piyanosu duruyor. Üzerindeki duvarda yağlıboya bir portresi. İleri yaşında yapılmış bir resim. "Sanilita" romanında sevdiği genç kızı müthiş kıskandığı ressam arkadaşının yaptığı bir portre. Şimdi bu yazarın tüm fotoğraflarını görebiliyorum. Gençlik fotoğraflarında ne denli ihtiraslı gözleri. Henüz gençken de saçları dökülmüş. Kendisi "Sanilita". (Kendini yaşlı duyan genç adam.) Gençliğinde yukarı doğru kıvırdığı bıyıklarının uçları çok gür. Henüz gençken, yaşlı bir adam çehresine bürünmüş ve öyle kalmış. Evlilik fotoğrafı. Dünya edebiyatının evliliği en güzel anlatan yazarının evliliği. Bu fotoğrafın gerisinde, aşka olan tüm öfkesi, evliliğin rastlantısı ve anlamsızlığı görülüyor.

20 Aralık 1895'te karısı ona bir fotoğraf imzalamış: "A mon Ettore, Livia." Kocasına aşık olan kadın. 30 Temmuz 1910 tarihini taşıyan bir fotoğraf, onu olağanüstü güzel kızıyla birlikte gösteriyor. Bugün saat 17.30'da, seksen dört yaşına varmış olan kızını tanıyacağım.

Aynı yıl. Svevo'nun karısı çok şişman. Bir başka fotoğrafta karısı beyaz dantel bir giysi içinde, elinde beyaz bir ipek şemsiye tutuyor, kızları, kolları ve yakasında beyaz şeritli bir bahriye giysisi ile, Svevo gene sonsuz huzursuzluğu ile ikisinin yanında.

Bir başka fotoğrafta kitaplığının önünde. Şimdi, bugün önünde oturduğum, cam kapılarında onun adlarının baş harflerinin işlenmiş olduğu ES (Ettore Schmids) yazılı dolap.

Zeno Cosini romanından "Bir Evlilik" bölümünün el yazısı ile bir sayfası. O zaman henüz at arabalarının da çalıştığı Trieste sokaklarından birinde ressam arkadaşı Veruda ile kol kola bir fotoğrafı. Svevo'nun tüm kişileri düşüncelerimde canlandırdığım biçimde işte resimlerle karşımda. Svevo: Dünya edebiyatında belki en ihtiraslı sigara içen yazar, her gün en az altmış sigara içen yazar. Sınırsızlığını sigara ile dengelemeye çalışan, aşk, kıskançlık, evlilik ve ölümü en güzel anlatan, insanın kendi kendine algılayamadığı, ama Svevo okuyunca tanımlayabildiği tüm gizli duyguların büyük ustası.

İstanbul akıl hastanelerinde günde altmış sigara içtiğim kesitini anımsıyorum yaşamımın. Yapacak başka hiçbir şey olmadığı için. Davranış özgürlüğümü elimden alacaklardı. Her zaman için alamadılar. Bugün 12 Temmuz günü Trieste kent kütüphanesinde, Svevo bölümünde oturabiliyorum ve kütüphane raflarında dizili dört yüz bin kitabın kokusunu soluyabiliyorum. Daha öte bir bağımsızlık isteyebilir miydim.

Şimdi, aksi yönde 1041 kilometreyi niçin gittiğimi daha iyi anlıyorum. Her gidiş, her yolculuk, kendi "benimin" bilinmeyenine doğru, bilmek için bir iniştir.

Svevo'nun kızını çok merak ediyorum. Karısının kız kardeşlerine âşık olup, ikisi tarafından da geri çevrilince evlenmek zorunda kaldığı Livia'dan olan tek çocuğu. Kütüphanecinin anlattığına göre kentlilerin hepsi onu çok seviyor. İkinci Dünya Savaşında üç oğlunu da yitiren, evlat edindiği oğlunun karısı ve kızıyla yaşayan bu insanı öyle merak ediyorum ki.

Sabah otelden ayrıldığımda, bir barda ayaküstü çay içtim. Barın gerisindeki duvarda, büyük beyaz bir kumaş üzerine İtalyan bayrağı boyanıp asılmış. Altını okudum: İtalya-Arjantin: 2-1. İtalya-Brezilya: 3-2, İtalya, Polonya: 2-0, CALMA: İtalya-Almanya: 3-1.

İtalya'da, pazartesi sabahı geleneği, dükkanlar kapalı. Gazeteler en kalın puntolarla büyük manşetler atmış: CAMPIONI DEL MONDO! 3-1 EROICI!

Yarım saat sonra Svevo'nun kızının evinde olacağım. Kapıyı kim açacak. Nasıl salonlardan geçeceğim. Hemen teyzelerinin fotoğrafını soracağım. Hem İngilizce, hem Almanca biliyormuş. Asır başında özel öğretmenlerle eğitim gören bir büyük burjuva. İlk kez gerçek bir büyük burjuva evine gireceğim. Zamanları geride kalmış büyük burjuvaların.

Kütüphaneden çıktığımda evine dek yürümüştüm: Via Monfort 12. Gri mavi, dev boyutlarda sayısız pencerenin caddeye doğru kapalı durduğu bir yapı. Gündüzleri burada tüm pencere kepenkleri kapalıdır.

Büyük yapının iki giriş kapısı var.

Kahvenin önündeki küçük alanda arabalar park etmiş. Önümden arada sırada yayalar geçiyor. Bu alan bile bütün bir dünya. Taşları, arabaları, asfaltı, insanları, yayaları, iskambil oynayanları, bayrakları, kahvesi ve Celentano'su ile bir dünya. Ama ben bu dünya üzerinde bu kez yalnız S. Stefano Belbo'ya kadar gideceğim.

Yaşlı adamlar Celentano ile birlikte şarkılar söylüyor. Yaşama karşı olan doyumsuz açlığımı bu yolculukta bırakmamayı diliyorum kendi kendime. Böyle sürdürmek istiyorum yaşamımı.

Bir parçamı Prag'ın Goldgasse'sinde, diğerini istasyonunda, bir duygumu Niş'in Nais Otelinde ve diğerini Trieste'de bırakmak istemiyorum. Her duygusal kıpırdanışa ölene dek ihtiyacım var. S. Stefano tepelerini yaşayıp bitirmiş olarak inmek istemiyorum üzüm bağları arasında. Huzursuzluğumu koruyabilmem gerek.

Kahve kapısına asılı bir afişte, bütün dünyada İtalyan Sirki diye ün yapmış sirke, İtalya'da Amerikan Sirki denildiğini okuyorum. Yirmi iki dakika sonra Letiza'nın kapısını çalacağım. Sirk ve futbol dünyası gerimde kalacak. Ne büyük bir mutluluk.

Bu yolculuğun görüntülerini sözcüklerle yansıtan ben değilim. Prag kenti. Prag İstasyonunda çantama bakan insanlar. Beni yola çıkaran, sözcüklerin ardına düşüren sayısız satırları, sayısız aşkları, sayısız ihtirasları, sayısız acıları, sayısız avuntusuzluğu, sayısız ölüm ve intiharları, sınırsız sınırsızlığı dünya edebiyatının. İşte bu yolda sözcüklerin ardında çıktığım bu yolculukta şimdi Via Monfort 12 numaralı kapıyı çalıyorum.

Via Monfort'tan doğru Piazza Unita d'Italia Trieste'deki kahveye döndüm. Kapıdan çıktığımda saat akşamın yedisini yirmi geçiyor.

Bütün yaşama cesaretimi ölülerden alıyorum. Anlatılarında yaşadığım ölülerden. Bu kahrolası dünyayı, yaşanır bir dünyaya dönüştürmeyi başarmış ölülerden. Dünyanın ihtiyacı olan, her olguyu vermiş, söylemiş, yazmış ölülerden.

Bu boyutlarda konutlar yalnız İtalya'da var. İtalya bana şimdi dünyanın annesi gibi görünüyor. Geniş, yüksek mermer merdivenleri bir kat çıktım. Beni genç bir kadın karşıladı. İlk girdiğim büyük salonu, büyük mermer salonu ancak çıkarken algılayabildim.

Bir kapıyı açıyor. Küçük sarayın odasına giriyorum. Soldaki pencere, sessiz ve koyu yeşil bir bahçeye açılıyor. Üç kişilik bir kanepeye oturuyorum. Çevreme bakınıyorum, ama bu sayısız tablolar ve antika eşya arasında hangi birini algılayacağımı bilemiyorum. Tablolar arasında boşuna Ada'nın yüzünü arıyorum. Çok güzel bir kadın giriyor kapıdan. Hemen sarılıyoruz. Onu, annesinin hamileliğinden bu yana tanıyorum. Siyah, beyaz ipek bir giysi üzerinde. Ve aynı kumaştan bir ceket. Siyah çoraplar. Bir elinde baston, diğerinde siyah bir çanta.

— Yaşlılık kiminin başına, kiminin dizlerine vurur, diyor.

Ve dizlerini gösteriyor. İlk sözcükleri bunlar. Sonra çantasından mendil çıkarırken.

— Elbisenin cepleri yok, onun için çantayı aldım, diyor.

Gri saçları toplu. Yanık cildi henüz canlılığını yitirmemiş. Çok güzel, çok genç yeşil gözleri var.

— Almanca mı, İngilizce mi konuşalım, diyor.

— Almanca, diyorum.

Bu yaşta bu denli güzel bir kadın hiç görmedim. Ayrıca böyle bir kişilikle ilk kez bir aradayım. Ben, Anadolu'dan gelen biri. Gözlerimi bir an bile ondan ayıramıyorum. Bu iç içe açılan geniş salonlardaki tüm tabloları, koltukları, avizeleri, resimleri, gümüşleri, her nesneyi aşan bir güzellik, bir insan var karşımda. Geriye yalnız duyguların algılanışı kalıyor, düşüncelerin, acıların: Edebiyat.

Üzerindeki her şeye bakıyorum. Küçük inci küpeler. Yanık boynunda ince bir zincire asılı küçük bir haç. Parmaklarında antika yüzükler, bileğinde zarif bir saat.

Ondan yayılan koku, yüzyılın başından bu yana doğru gelen, son derece rahatlatıcı bir koku. Zamansızlığı çağrıştıran bir koku.

— Babamın mezarı burada, Giardino Publico'da. James Joyce anıtının tam karşısında. Joyce'u tanıdım. Bana İngilizce dersi verdi. Birinci Dünya Savaşından önce Trieste'de yaşadığı yıllarda değil. O zaman Joyce'un kız kardeşiydi İngilizce öğretmenim. Ama savaş sırasında, Zürih'te öğretmenim oldu. Savaş süresince teyzelerim de Zürih'te oturdu.

Hepimiz Almanca da öğrendik. Babam, Almanca konuşurken bir yanlış yapmış. Bunun üzerine dedem onu diğer iki erkek kardeşiyle birlikte Almanya'ya yatılı bir Katolik okuluna yollamış. "Bir iş adamının yanlışsız Almanca konuşması gerekir," diyen dedem. Oysa babam edebiyatla ilgili. İlk ilgisi Alman yazını: Goethe, Schiller, Schopenhauer.

Hava boğucu. İnce bir yağmur çiseliyor. Aynı anda güneş tüm kızıllığıyla beliriyor.

Alan, gene bir törene hazırlanan yaz insanlarıyla dolu. Mutlak şampiyonluğu kutlayacaklar gene.

Biraz başım, biraz da dişim ağrıyor.

— Babam, ilkin dedemin yanında Union Bankasında çalıştı. O denli okuyup öğrendi. Almanca, İngilizce, Fransızca. Tüm Rus yazınını, Almanca çevirilerden okudu. Ama dediğim gibi, edebiyata ilk yaklaşımı Alman yazarlarıyla oldu. Sonra Rus yazınına eğildi.

(On üç yaşımda derin bir susamışlıkla Dostoyevski ve Gogol'ü okumaya başladığım çocukluğumu anımsıyorum. Rus yazınından sonra karşılaştığım Goethe ve Schiller'de, aynı doyumu hiçbir zaman bulamadım. Hölderlin'e, Rilke'ye hayran kaldım. Sonra Kafka'nın dünyasının sonsuz boyutlarıyla karşılaştım. Ama susuzluğumu gideren, istediğimi bütünleyen, babasının ve Cesare Pavese'nin kitapları oldu.)

— Trieste'ye döndüğünde İtalyan edebiyatına eğildi ve büyük hayranlık duydu. Kafka'yı yaşamının son yıllarında okudu.

— O zamanlar Kafka'nın yapıtlarından pek azı yayımlanmıştı. Babam, Londra'da uzun kaldı. Başlangıçta annem onunla birlikte gitmedi. Ama sonra orada bir ev tuttu, birlikte kaldılar. Annem yanında olmayınca, babam ne yapacağını bilemez, kendini kaybolmuş hissederdi. Ayrıca çok kıskançtı.

(Bu denli ihtiraslı bir adam kıskanç olmaz mı.)

— Annem babamdan on üç yaş küçüktü. Babam durmadan böyle genç bir kadının kendisini sevmesinin mümkün olamayacağını söylerdi.

(Zeno'nun huzursuzluk veren kuşkuları.)

— Ben doğduğumda annem hastalanmış. Ateş nöbetleri geçirmiş. Sonra da başka çocuğu olmadı. Dinlenmek için Polonya'ya gitti. Babam, ona yazdığı mektuplarda, hep kendisine kur yapan genç subayların olup olmadığını sorardı.

Fotoğraflardan birinde Letizia Fonda Svevo, üç oğlu ve kocasıyla birlikte.

— Ailemizi bir arada gösteren son fotoğraf. Bir kayak köyünde tatildeydik. O zamanlar iki oğlum subaydı. Cepheden gelmişlerdi. Sonra üçü de öldü. Piero yirmi üç, Paulo yirmi iki ve Sergio on dokuz'unda.

(Trieste sokaklarında gezindiği üç torunun sonu.)

Kafka'nın kız kardeşleri ve Milena'yı toplama kampında öldüren İkinci Dünya Savaşı, Svevo'nun da üç torununu öldürmüştü.

Her iki yazar da bu acıları bilmediler.

— Kafka'nın yaşamı ne denli acılarla geçti. Babam, acısını içinde taşıyan bir insandı.

(Acılar olmadan yazılabilir mi. Edebiyat, yaşam ve ölümün sınırlarının artık acıları tutamadığı, tutmaya yeterli olmadığı yerde başlamıyor mu.)

— Babam, acısını dışarı vurmazdı. Ölümüne neden olan kazadan önce hastaydı. Öyle çok sigara içerdi ki.

(Bir an durmadan, sigara içen Zeno.)

— Her gün en az altmış sigara. Ciğerleri hastalanmıştı. Soluk alamıyordu. Bacağı kırıldığında iki gün soluk alamadı. Öleceğini anlamıştı. Ölümü, yaşlı bir filozofun ölümüydü. Ağladığımı gördü. "Ağlama, Letizia, ağlama. Hiçbir şey değil. ÖLMEK HİÇBİR ŞEY DEĞİL."

Yaşam, belki de benim algıladığımdan daha acı. Kahve orkestrası gene hafif melodiler çalıyor. İtalya'da yeryüzünün en büyük trafik gürültüsü var. Alan şimdi daha kalabalık. Birbiriyle konuşanların sesleri karmaşık bir gürültü. Yarım saat sonra, Berlin'in Doğu istasyonundan yola çıkalı bir hafta olacak.

"Hiçbir zaman sakin olamamak belki de benim yazgım."

— Annemi tanıdığı ev bu değil. Her yer yandı. Doğduğu ev. Annemi tanıdığı ev.

(Ada'yı gördüğü an âşık olduğu ev de yanmış demek. Yaşadığım, insanlar tanıdığım, tüm duyguları algılamaya çalıştığım, ama kalmasını istediğim hiçbir yer yok. Yaşamım vazgeçmek, gelip geçmekten kaynaklanıyor. Ne denli çok gidersem, hiç gitmediğim duygusuna, böylesi çılgın bir duyguya o denli güçle dalıyorum.)

— O evler, İkinci Dünya Savaşında Amerikan uçaklarının attıkları bombalarla yandı.

— Kocam, babamın bütün yazdıklarını yazlık evimize taşıdı. Kitapları, el yazılarını ancak böylelikle kurtarabildik. Ancak böyle gerçekleşebildi yazdıklarını yayımlamak.

— O genç kızı büyük bir tutkuyla sevdiği gerçek. Ama aynı zamanda ona yardım etmek istiyordu. Basit bir kızdı. Bu bağlantıların tümü annemi tanımadan önce.

(Svevo genç kızları her zaman sevmişti. Annesinden önce de, sonra da.)

— Teyzelerime âşık olması bir fantezi.

(Şimdi, karşımda. Svevo'nun tüm kahramanlarının resimlerini gördüğüme göre, teyzelerine âşık olması neden bir fantazi olsun. Mutlak onları daha çok sevdi, onlardan biri ile evlenmeyi, annesinden daha çok istedi. Belki de Ada, ona tüm genç kızları unutturabilecek en büyük aşktı. Belki o bile unutturamazdı. Çünkü gençleri sevmek, yaşamı sevmek, yaşamı diri, genç tutmak, eskiyen olgulardan sıyrılmak demek değil miydi. İnsan kendini yaşamının her döneminde, hem genç, hem çocuk, hem yetişkin, hem yaşlı algılamıyor muydu. Her duygunun ayrı bir anlamı, ayrı bir bütünlüğü yok muydu.)

— Böylesi bir aşk mümkün değildi. Büyük teyzem o zamanlar bir Bulgar ile evliydi, Trieste'den gitmişti. Üçüncüsü sonradan evlendi, ilkin Sibirya'da, Görz'de oturdu, sonra Riga'da.

(İşte büyük aşkı o olmalı. Zeno Cosini romanında Amerika olarak anlatılan demek Riga idi.)

— Kocası orada öldü.

(Zeno Cosini'de intihar ettirdiği Guido.)

— Üç gün içinde. Sakalının altında çıkan mantarlar nedeniyle. Sakalın altında olduğu için görünmeyen mantarlar. Rus devriminde teyzem iki çocuğu ile birlikte Trieste'ye döndü. Bu çocuklar, ikisi de kız, hayatta. Ne gençler, ne de yaşlı. Biri yetmiş yaşını aştı.

— Annem 1961'de seksen üç yaşında öldü. Yaşamını yalnızca babamın kitapları doldurdu. Babamdan sonraki yıllarını.

(Her zaman hiçbir yazarın karısının onu tümüyle dolduramayacağını düşünmüşümdür. Bu yazarlar mümkün olmayan olgular içinde yaşamışlardı. Karılarının dünyalarının sınırlarının bittiği yerde, onların sınırsızlıkları açılıyordu.)

— Dokuz yıl önce kocam ölünce, çok yalnız kaldım. Kayboldum. Çok bilgili bir insandı. Onunla her konuyu konuşabiliyordum. Kitapları, babamın kitaplarının çevirilerini. Zeno Cosini'nin son çevirisi Japonca. Size kitabı göstereyim.

— Babamla bir arada yaşam çok güzel birşeydi. Kötümserliğini içinde taşırdı yalnız.

(Beni de bilinçlendiğim yıllardan beri izleyen karamsarlık. Mutlulukların tümü, geliştirdiğim karamsarlık. Yürüyebilmek için, ileri gidebilmek için, nefret edebilmek, öfke duyabilmek, ağaçlara bakabilmek, gökyüzünü sevebilmek için. Bizi yaşam ve ölüm, sevgi ve yitiklik, çocukluk ve yaşlılık arasında hareket ettiren karamsarlık. Yitmeyen, eksilmeyen, giderek güçlenen, bizi aşan karamsarlık.)

— Hep şakalaşırdı. Bir keresinde: "Üç gün taşrada kaldım. Üç gün sigara içmedim. Bambaşka bir insan oldum. İşte şimdi o bambaşka insan sigara içmek istiyor," demez mi.

— Evimizde üç piyano vardı. En iyi piyanolar. Annem de, kız kardeşleri de şarkı söylerdi.

(Resim gene gözlerimin önünde. Ada'nın hoşuna gitmek için şarkı söylemeyi deneyen Zeno. Oysa gülünç olup, Ada'yı büsbütün yitiriyor).

— Ben de şarkı söylerdim. Evimize Avrupa'nın en önemli sesleri gelirdi. Ne yazık, her şey yitti.

(Avrupa'nın en önemli seslerinin gelip konser verdiği bir evi düşünemiyorum bile. Aslında hiçbir evi sevmem. Bir kez girilen, sonra çıkılan ve bir daha ayak basılmayan evler benim için en rahatlatıcı yerler.)

— Üç oğlumuz da ölünce, bir evlat edindik. O da hastalanıp öldü. Dört çocuğumu yitirdim. Yeğenim yirmi üç yaşında, bizimle oturuyor. Eve canlılık, yaşam veriyor.

(Tüm canlılık ve yaşamı kendi kendime vermek zorunda kalmıştım. Diğer insanların yaşamı, canlılığı çok az bulur iç dünyamı.)

Alandaki insanlar içinde çalışan bir benim. Orkestrada çalanlar ve servis yapan garsonlar dışında. Hiç kimse okumuyor. Herkes konuşuyor, gülüyor, çevresine bakıyor.

Bir an için yazmaya ara vermem gerek. Belki de birşeyler yemeliyim. Ama ara veremiyorum. İnsanın durmadan birşey yemesinin gerekliliği dayanılır bir yük değil.

Takvime bakmam gerek. Bu gün Salı. Temmuz. Ama Temmuzun kaçı. 13'ü. Saat sekize iki var. Gene dünkü gibi saat altıda uyandım. Müthiş yorgundum. Dün gece uyuyabilmek için dört saat bekledim. Letizia'nın güzelliğini düşündüm. Büyük romanların ilk kahramanı, karşılaştığım ilk canlı kişisi Letizia. Ona, uzun, acı dolu yaşamının son yıllarında rastladım. Ne erken, ne de geç. Güzelliği, kişiliği, şiirsel Almancası, canlı davranışları, yaşamından sahneleri aktardığı canlılığı gözümün önünden gitmiyor. Karşılaştığım yaşlılar arasında geçmişini eskiden anımsamayan, aksine anında birlikte taşıyan ilk insan Letizia. Bu nedenle de en güzel yaşlı olarak kalmayı başarıyor. James Joyce'dan İngilizce öğrenen Letizia.

Birbirine açılan büyük salonlara akşam karanlığı yaklaşıyor. Caddeleri bürüyen alacakanlık. Ama büyük yapılarda gündüzleri alacakaranlık, geceleri de gündüz aydınlığı, genişliği var.

Letizia:

— Şimdi ışıkları yakalım da resimleri görün, diyor. Kalkıyorum. Muhteşem lambaları yakıyorum. Ağır mobilyalar, müze vitrinlerini andıran camekanlar, Svevo'nun en yakın arkadaşının resimleri ve ünlü İtalyan ressamlarının tabloları belirleniyor. Letizia'nın dünyası belirleniyor. En yakın arkadaşı Veruda'yı, kitaplarından tanıyorum. Okuduğumda, belki garip ama, şimdi resimlerindeki gibi düşünmüştüm onu. Ama giysilerini, saçlarını da böyle mi düşündüm, anımsamıyorum. Ne denli çekici bir insan.

— Babamın kardeşi gibiydi, diyor.

Sonra beni diğer geniş salona alıyor.

— Bu salonda, kocamın koleksiyonlarını saklıyorum, diyor.

— İlk baskı kitaplar ve el yazmaları toplardı, diyor.

Bana 15. yüzyıldan el yazması kitaplar gösteriyor. Ardından da kocasının sikke koleksiyonunu.

— Babam, hiçbir şey toplamazdı. Yalnız bir tek tutkusu vardı. Sigara. Eli çok açıktı. Tüm sanatçıları korurdu.

Üçüncü salona geçiyoruz. Burada, Svevo'nun kitaplarının tüm çevirileri ve hakkında yazılan kitaplar bir kütüphane oluşturuyor. Annesinin, Svevo'ya armağan ettiği "Günlüğü" gösteriyor. Her sayfada bir şiir var. Şiirlerin altlarındaki boşluklara, evlenmelerine değin günlük notlar düşmüş. Şiirlerden birinin Eichendorff'un olduğunu görüyorum. Sonra babasının kuzenlerine armağan ettiği kitapları gösteriyor. Svevo'nun el yazısı ile bir ithaf: "Sigara içmeme karşı amansız mücadele veren kuzenim Livia'ya bir anı. Aynı zamanda onu kandırışımın anısı. Verilmiş bir öpücük, hiçbir zaman kaybolmamış demektir. Ettore."

— Babam, anneme çok kitap armağan ederdi. Karl Marx'ı da armağan etti. Ama annem bu kitabı hiç okumadı.

Sonra babası üzerine yazdığı kitabı gösteriyor:

— Bununla Udine Ödülünü aldım.

— Babamın dört kız, üç de erkek kardeşi vardı. Büyükannem on altı çocuk doğurmuş. Sekizi yaşamış. En küçük erkek kardeşi babamdan önce bir Günlük yayımlamış. Çok erken ölen bu amcam, babama hep yazı yazması gerektiğini, çok yetenekli olduğunu söylermiş.

Letizia, her salonda annesinin güzelliğini anlatıyor. Duvarlarda, annesini altın yaldızlı çerçevelerde, renkli yağlıboya tablolarda ve kendi yazdığı kitapta, her yaşında çekilmiş fotoğraflarda görüyorum. Ama hiçbir fotoğrafını göremediğim Ada'yı düşünüyorum merakla.

Letizia, kocasının resimlerini de gösteriyor. Yaşamının tek erkeği olduğunu söylüyor.

— Birbirimizi görür görmez âşık olduk. Ben on beş, o on yedi yaşındaydı. Bir danslı gecede. Ardından Birinci Dünya Savaşı çıktı. Gönüllü olarak Avusturyalılara karşı savaşa gitti. Savaş sonrası evlendik. Çok büyük bir aşktı aramızdaki. Hem cinsellik, hem dostluk. Her alanda, Yaşamımız boyunca yitmeyen bir aşk.

(Bugün artık belli bir erkeği mi, ya da erkekliği mi sevmek gerekiyor.)

— Bugün artık böylesi aşklar yok, diyorum.

— İnanırım, diyor.

— Biz yaşlılar bunu anlayışla karşılıyoruz. Bugün artık çok çabuk evleniyor insanlar, ondan, diyor.

Fotoğraflar. Fotoğraflar. Fotoğraflar. (Belki bir gün ölmüşlerin resimlerini ben de bu kadar sevecektim. Ölmüşlerin resimlerinde hep geçmiş yıllarımı yaşayacaktım. Kendi geçmişim olmasa da, ölenin geçmişini. Babamın gençliğini. Kucağındaki çocuğu. Onu özleyecek. Özleyecek. Özleyecektim. Bir fotoğrafına bir an bakışımda, tüm yaşamını geçirecektim usumdan.)

— Annem, ben evleninceye kadar, her yıl bir aile fotoğrafı çektirdi. Keşke sonraları da sürdürseydi bu alışkanlığını, diyor.

(Bizim aile fotoğraflarımız birden gözlerimin önünde beliriyor, ama hemen bundan sıyrılmaya çalışıyorum.)

— Küçükken ara sıra babamdan dayak da yedim, derken poposunu gösteriyor.

— Benimle oynardı da. Çok iyi bir eğitim vermek istedi bana. Büyüdüğümde çok dost olduk. Bana ilk verdiği kitaplar Rus yazarlarının kitapları. Özellikle Dostoyevski ve Gogol.

— Babamın sinirliliğini algılamaya olanak yoktu. Onunki, için için kemiren bir sinirlilikti. "Sütün taşması gibi" derdi annem "Bir kabarır, bir söner."

Şimdi büyük bir köpek, üç yavrusu ve Svevo ile karısını gösteren bir fotoğrafa bakıyoruz:

— James Joyce'un köpeği. Zürih'e gittiğinde babamdan köpeğine bakmasını istedi. Joyce gider gitmez, köpek doğurdu. Öyle uzun tüyleri var dı ki, Joyce onun dişi olduğunu ayrımsamamıştı. Her zaman hayvanlarımız oldu. Atlarımız, köpeklerimiz, kedilerimiz.

— Ah, artık dönmek istemiyorum o yıllara. Çok büyük sevinçler vardı. Ama çok da büyük acılar. Yaşlanmanın en acı olgusu insanın tüm dostlarını yitirmesi. GERİ KALAN YALNIZ BOŞLUKLAR. İNSAN YALNIZ, diyor Letizia. Seksen dört yılın onu getirdiği, bana dek ilettiği anın içinden, muhteşem lambaların altında. Mermer salonlarda.

Şimdi hepsinin resimlerini gördüm. Schmids'leri, Veneziani'leri, Svevo'nun yedi kardeşini, ressam Veruda'yı, sevgilisini, James Joyce'un köpeğini. Ama Zeno'yu etkileyen teyzelerinin fotoğraflarını göremedim.

— Teyzelerinizin hiç fotoğrafı yok mu, hani o Riga'ya gidenin, diyorum.

— Hayır, hiçbirinin fotoğrafı yok, diyor. Tedirginlikle. Hoşnutsuzlukla.

Dünyasının son salonuna geçiyoruz.

Bir yemek odası.

— Şimdilerde de burada yemek yiyoruz, diyor.

Ve salonları burada bitiyor.

Bugün 13 Temmuz. Saat 10.18 Gardino Publico Trieste'ye giriyorum.

Bir hafta önce bu saatlerde Prag'da Franz Kafka'nın mezarı başında bir ağacın altında oturmuştum.

Bu parkı da hemen tanıyorum. Sanilita romanındaki genç, güzel ve yoksul kızın evini hemen buralarda anlatıyordu. Ada'yı unutmaya ve karısına dayanmasına yardım eden genç kadın da bu parkın karşısındaki sokaklardan birinde oturmuyor muydu.

Mezarı burada:

ITALO SVEVO

Romanziere

1861-1928

Mezarının karşısında, James Joyce'un yüzüncü doğum yılı için dikilen anıt:

TRİESTE

A

JAMES JOYCE

NEL CENTENARIO DELLA NASCİTA (1882-1982)

Prag'daki Yahudi Mezarlığının aksine, burası çok canlı bir park. Kentliler sıralarda oturuyor, birbirleriyle konuşuyor.

Çocuklar oynuyor. Her şey yaşıyor. Svevo'nun ihtirası, tedirginliği yaşıyor.

Mezarların hemen gerisinde, açık hava sineması var. Bu gece Dustin Hoffman'ın bir filmi oynuyor.

Banklardan birine oturuyorum. Çevreme bakıyorum. Rahatım. Yanıma yaşlı, çok zayıf bir kadın oturuyor. Genç bir kadın onu buraya dek getirdi. Banka oturttu ve şimdilik gitti. Yanında getirdiği bir plastik torbadan iki küçük yastık çıkarıyor. Birine oturuyor. Birine sırtını dayıyor. Tahta sıra kemiklerine batmasın diye. Öylesine zayıf. Sonra koyu bir güneş gözlüğü takıyor.

Bana kendi yaşlılığımı anımsatıyor. Ellerinin mavi damarları o denli kalın ki. Gözlüklerinin üzerinden gökyüzüne çevirdiği mavi yeşil gözleri de büyükannemi çağrıştırıyor.

— Hava kötü, diyor.

— Yüzmek için belki kötü, ama parkta oturmak için güzel bir hava, diyorum. Ben Venedik'e gidiyorum.

— Bugün mü, diyor.

— Bugün, diyorum.

— İyi yolculuklar, diyor.

— Hoşça kalın, diyorum.

VI

Bugün 14 Temmuz. Hava bulutlu.

Gece müthiş bir yağmurun beni uyandırdığını ve uykumun içinde henüz yaşamakta olduğuma sevindiğimi anımsıyorum. Trieste'de kaldığım üçüncü gece, taşındığım üçüncü otelin odasındayım. Kentten ya da ülkeden ayrılmadığım günlerde oteli değiştiriyorum. Kendi kendimden böyle bir rahatlıkla, çıkıp gitmeyi nasıl da isterdim.

Yüzüyorum. Denizin uzantısındaki sularda. Öylesine yorgunum ki, boğulabilirim. Ama denize duyduğum büyük özlemle uzun süre suda kalabiliyorum. Deniz, İstanbul'un denizi kokuyor. Derinlerinde aynı yosunlar bitiyor. Kıyılara vururken köpüren dalgaları düşüncelerimde yaratıyorum. Boğaz'ın sık yapılarla dolmuş tepelerine benzemiyor Trieste tepeleri. Yeşilliğini korumuş. Ama denizden bu tepelere bakıldığında, gene de Boğaz'ın Anadolu tepelerini anımsatıyor. Uzun uzun örülmüş duvarlar da. Evin yokuşundaki, Arnavutköy'deki yüksek taş duvarlar üzerine oturtulmuş eski ahşap evi anımsıyorum. Yokuşun altından bakıldığında taş duvarı evden daha da görkemlidir. Güneşin altında uzanıyorum. Günlük görüntülerin tümü yitik. Yalnız kendi iç sesimleyim. Ender günlere özgü, dayanılmaz baskıdan kopuşum. Trieste'de bir önceki geceyi geçirdiğim otel, yüzyılların birikimi kokuyordu. Radyoda şarkılar dinledim. Hiç bilmediğim için bana güzel gelen şarkılar. Hiçbir çağrışım uyandırmadığı için. Biri yarım saate yakın sürüyordu. Haksız yere tutuklanan birinin öyküsünü anlatıyordu. Daha sonra Uzak Asya müziğinin tekdüzeliğini yansıtan bir caz başladığında uykuya dalabildim.

Bu sabah, artık diş ağrıları hemen hemen kesilmiş gibi. Ama kendimi ilaçlar kadar acı duyuyorum. Tabii, diş ağrılarının yerini baş ağrısı aldı. Boynum tutuk. Uyanığım. Her hareket bedensel bir acı. Baş ağrılarının hangi çeşidini çektiğimi bulmaya çalışıyorum. İstanbul lodosunun baş ağrıları mı, Berlin'in bulutlu gökyüzündeki mi, yolculukların baş ağrısı mı, ya da saatlerce süren migren mi. Zaman zaman belimin altında çıkan büyük yara, bu sabah gene belirdi. Gene neye öfkelendim. Kendimden başka. Kendim dahil her şeye öfkeli değil miyim. Öfkeyi de aşmıyor mu öfkem.

Trieste'de son saatlerimi geçirdiğim kahvede, masaları, alanı, caddeleri, bulutlu gökyüzünü, eski yapıların cephelerini, pencerelerini, pencere kepenklerini, giriş katlarında yer alan dükkanları ve rüzgarı, daha başka yağmurlar yağdıracak rüzgarı yaşlı adamlarla, yaşlı kadınlarla, çocuklarla, gençlerle ve genellikle İtalyanlarla ve azınlıktaki Yugoslavlarla, bir zenciyle ve birçok huzursuz güvercinle bölüştüğüm şu son saatlerde karşımdaki masada oturan yaşlı kadın, Viyana kentinin turistik rehberini okuyor.

Lümpen bir İtalyan gelip benimle konuşuyor. O da Almanya'da bir zamanlar işçilik yaptığını söylüyor. Tıpkı Niş tren istasyonuna giden otobüste konuştuğum ince yüzlü kadın gibi. Bir gün daha Trieste'de kalıp, onunla sevişmemi istiyor. İlk kez, bu an bütün sevişmelerden tiksiniyorum.

Bu sabah, Trieste'deki üçüncü otel odasında baş ağrılarının yansıdığı yüzümü aynada gördüğümde, bütün erkekleri aynı o Yunanlı gibi yanımda yedek bir canlı olarak taşıdığımı algıladım. Birinci kocamı da, ikinci kocamı da, güzel tenli son sevgilimi de, çeyrek yüzyılda sevdiğim ya da becerdiğim hepsini, kendi "ben"ime dayanabilmek için yalnız yanımda taşıdığımı algıladım. Torino'ya yaklaştıkça, bir odada, bir otel odasında, giysileri içinde ölü bulanan Cesare Pavese'yi, giderek daha çok düşünüyorum. 11 yıl, 11 ay ve 15 gün önce.

Duygularım, belki de en büyük sevgimin, en yakınımın bu ölü olduğunu söylüyor bana. O ölüye olan sevgim canlanıyor.

Birbirimize sarılıp, acı içinde, inanmadığımız sevgi içinde bütünleşecekmişiz gibi.

Trieste'deki ilk akıl hastasını gördüğüm alandan ayrılıyorum. Yaşlı, zayıf bir adam, elinde birçok plastik torba taşıyor, bir de büyük şemsiye. Kahvenin yanındaki taş sıralara oturuyor. Oturur oturmaz kalkıyor. Gözlerinde kayboluşu taşıyor.

İlk kez bir uzaklık beliriyor: Santo Stefano Belbo. Demek doğru yol almışım. Belbo'dan sonra göreceğim tüm görüntüler önemsiz. Önemsizden de öte. O resimlerde yaşamayacağım artık. O resimler bensiz de olabilir. Benim aksime, diğer insanlar, yanlarında, en yakınlarında bir canlı olmadan da yaşayabiliyorlar. Benim resimlerim, onun görüntüleriyle son bulacak. *Belbo'dan sonra, belki de bu intihar benim* yarım olacak. Bu intihar ya da Pavese'nin acı dolu yüzü. Gördüğüm en acılı yüz.

Perondayım. Yanımda Torino'ya gideceğim tren. Hava bunaltıcı, bulutlu. Arada bir denizden doğru yumuşak bir rüzgar esiyor. Burada, istasyondan deniz görünmüyor artık.

Bugün, Achim, Güneydoğu yolculuğundan dönecek. Geçip gittiğim birçok istasyonu, birçok kenti ve ülkeyi düşünüyorum. Trenlerde ve onun arabasında E-5 üzerinde yol aldığım binlerce kilometreyi düşünüyorum.

Latislav'ı düşünüyorum. Onu düşünüyorum. Zoran'ı düşünüyorum. Selanikli genci düşünüyorum. Ölümsü yorgunluğumu düşünüyorum. Bu yolculuk süresince gördüğüm sayısız insan yüzlerini düşünüyorum, babalarıyla yaz tatiline giden hasır şapkalı çocuklar, Türk işçileri, Batı Almanlar, Doğu Almanlar, Çekler, Avusturyalılar, Yugoslavlar, İtalyanlar ya da güzel, hoş, yaşlı, şık, deli, ince, şişman biçimler halinde bana yansıyan önümden gelip geçen yüzler.

Letizia'yı düşünüyorum. Seksen dört yıllık geçmişi ile eksiksiz bir geniş zaman oluşturan Letizia'yı. Kendimi düşünüyorum, her zaman kaçtığım küçük burjuva duygularını, zorunlu olarak katıldığım günlük yaşamın tüm kurallarından bir kez daha kaçmayı başaran kendimi. Ve bütün bu duygu ve durumları, hiç değilse bu yolculuk süresince boğabildiğimi düşünüyorum. Ne vatandaş, ne halk, ne de küçük burjuva olmadığımı biliyorum. Bu ufacık tanımlama bile bana direnç veriyor.

Ölüm yorgunluğuyla Trieste İstasyonundan otele taksi ile gidişimi düşünüyorum. Ve günlerdir ilk kez uyumuş, uykuyu almış gözlerle Trieste-Torino arasındaki kesiti gözleyeceğim.

"Çevreyi tanımlamak değil, duygularla yaşamak gerekir."

Mutlak, Achim benim ulaştığım bağımsızlığa ulaşamamıştır. Havel Şosesinde oturduğumuz ve otobüs beklediğimiz o günden bu yana geçen altı haftada, çevremi yaşayarak, bugüne dek bilmediğim, algılamadığım duygular elde ettim. Ama onları yazmadan önce Belbo'ya varmak istiyorum. İnsan çoğu kez her şeyin son bulduğu duygusuna kapılıyor, oysa yaşamın sonsuzluğunu algılayabilmek için bile yeterli değil bir insan ömrü.

Torino'ya gidecek vagonun üçüncü kompartımanındayım. Diğer beş koltuk boş. Bacaklarımı uzattım. Kimse gelmesin diye. Vagon boş. Şimdi tren hemen denizin kıyısında yol almakta. Dün yüzdüğüm denizin. Ağaçların yoğun yaz yeşilini geride bırakıyoruz. Dün, insanların doldurmadığı kıyılara erişebilmenin mümkün olmadığını düşündüğüm sahil, hemen biraz sonra ardımda kalacak. Yarın ve daha ilerideki günlerde güneş sahile vuracak. Ben güneş ışıklarını tepelerde ve mısır tarlalarında gözleyeceğim. Gecenin gökyüzünde herhangi bir zamanda yıldızlar parlayacak. Belki hemen Torino'da. Yıldızlar korkudur.

Tren kalkmadan önce istasyon memurlarından biri, genç bir İtalyan:

— İyi yolculuklar, diyor.

Teşekkür ediyorum, ve:

— Allahaısmarladık, derken, bende istasyonda bir dostumdan ayrıldığım izlenimini uyandırdığını algılıyorum. Ayağa kalkıyorum.

Önümde, 3 numaralı peronda yorgun gözlerle Selanikli genç duruyor. Beni arıyor ve trenim hareket etmeden önce son bir kez olsun beni gördüğü için mutlu.

— Rolling Stones'ları dinleyebildin mi, diyorum.

— Evet.

— Güzel miydi.

Her zaman yabancı insanlar bize dostlarımızdan daha çok sunan, veren kişiler. Öyleyse yaşamımızı neden yalnız yabancılar arasında geçirmiyoruz. Hiçbir beklenti olmadan, hiçbir yük olmadan ya da insanın kendi kendine mutluluk dediği kısa anlardan yoksun. Tüm duyguların en güzeli duygusuzluk, öyle bir duygusuzluk ki, insanın tüm dünyayı ve tüm insanları kucaklayabileceği duygusuzluğun duygusu.

Kompartıman penceresinden ona uzaktan dudağımı uzatıyorum. Tren kalkmadan son an Latislav'ın belirdiği Prag İstasyonunu düşünüyorum.

— Eve dönüyorum, diyor.

Mutlak, Torino'da gelebileceğim bütün trenleri bekledi. Ben acımasız ve her zaman var olan bir kocakarıyım. Artık kadınlığımı gerçekçiliğe dönüştürmemin zamanı çoktan geldi, ama bunu hiçbir zaman başaramadım.

Ben oturup yazmaya başlayana dek birbirimize el sallıyoruz. Karşılaştığım tüm erkeklerle sağladığım mutluluk belki de Letizia'nın bir tek kocasıyla sağladığı mutluluğa eşit. Oysa sevgiyi genelleştirebilmek için insanın kendisini tümüyle egemenliği altına alabilmesi gerek. Zaman zaman kendi kendimden çıktığımda, başlangıçtaki bir genç gibi bocalıyorum. Oysa ben, hiçbir zaman, hiçbir olgunun başlangıcında olmadım. Her zaman, her başlangıç ve her son belliydi benim için. Yaşamı tıpkı, aynen Anadolu'nun sıkıcı küçük kentlerinde bulduğum biçimde avucuma ya da düşünceme ya da gözlerimin ufkuna aldım ve sonra kendi beğenime göre istediğim biçimi verdim bu önümden gelip geçen ya da benim önünden geçip gittiğim yaşam denen olguya. O durgun bunalım canlı oldu ve canlı olan durgun, bunalımlı.

Artık sözcüklerin beni rahat bırakmasını istiyorum. Yugoslav sınırındaki bu kentten. Fransız sınırına yakın büyük kente dek. Yeşili, denizi görmek istiyorum. Kendimi unutmak istiyorum. Bu yolculukta yanıma kitap almamam ne iyi. Çeyrek yüzyıl okudum ve şimdi elimde kitap olmadığından, kendi içimde yazının izlerini arıyorum. Yerler ve kişiler gerçek değil, düşünülmüştür denen kitap ve filmleri sevmiyorum. Hiçbir şeyi bulmak mümkün değildir. Her buluş, daha önce bilinmeyen bir olgudur.

"Zaman zaman, hiçbir şeye yaramaz haber bültenlerini dinledikten sonra penceremin kenarından dışarıdaki, terk edilmiş üzüm bağlarına baktığımda, rastlantılardan oluşan bir yaşamın yaşam olmadığını düşünüyorum. Ve kendi kendime gerçekten rastlantılardan sıyrılıp sıyrılmadığımı soruyorum."

Yalnız yolculuklarda sıyrılabildim.

Kompartıman kapısı açılıyor.

— Böylesine yalnız oturuyorsunuz. Bavulumu alıp geleyim, konuşuruz, diyor bir adam.

— Yalnız kalmayı yeğliyorum, diyorum.

(İlk kez bu tümceyi söyleyebildiğime şaşıyorum. Artık ilk kez kendi kendime olmak istediğimden, bir başka insana, insana hiç dayanacak gücüm yok. Belbo tepelerinde bundan böyle dağlarla, tepelerle, sularla, göllerle, denizlerle, nehirlerle, ağaçlarla, rüzgarlarla, yağmurlarla, gecelerle, günlerle, bulutlarla, gökyüzü ve yıldızlarla yaşamaya karar vermiş olacağım.)

Şimdi, mısır tarlaları arasında Torino yönünde trenle ilerlerken, çeşitli ülkeleri ardımda bıraktığımda, bireyselliğe olan inancım giderek daha da güçleniyor. O zamanlar, dünyayı ilk kavrayışıma yol açan Dostoyevski'nin dünyasından edindiğim inancıma geri dönüyorum. Ülkeleri yöneten bir başka güç. Devrimleri yapan bir başka güç. Savaşları sürdüren bir başka güç. Bir iç savaşta, ben de tıpkı Pavese gibi kaçıp tepelerime sığınırdım, tabii varsa tepelerim. Çevresini şiire dönüştürmek için dünyaya gelmiş bir adam, tabii silahla başkalarını öldüremez. Onun bu yönünü anlamayıp, onu eleştiren o dönemin İtalyan ilericilerini bağışlamıyorum işte.

Koynuna girip sonra onu yüzüstü bırakan kadınları da bağışlamadığım gibi. O kadınlar, kendi cinsel yetersizliklerini ancak onun acısı doğrultusunda kullanmış kadınlar.

Bugün, 14 Temmuz 1982 günü, saat üçü on iki geçe Torino'ya doğru yol alan trenden başka hiçbir yerde olamazdım. Hiçbir yere, Cesare Pavese'nin yaşadığı çevreye gittiğim kadar istekle gitmedim. İçindeki intihar itimini henüz taşıyor olsaydı, belki bu, en güzel acılı yüzü görebilecek, kimbilir belki okşayabilecektim de.

Mısır tarlaları arasında ilerliyoruz. Trenin hareketinin oluşturduğu rüzgar okşuyor beni. Birçok erkeğin elinden daha yumuşak bir rüzgar.

Yorgunum. Kaçıncı defa Venedik'ten geçtiğimi anımsamıyorum. Venedik'i sevmem. Gerçekdışı bir görüntüsü var. Genellikle gerçeğin dışında yaşayan insanlar böyle ayın üstü ya da uzay gibi, ya da Venedik gibi gerçeğe benzemeyen yerlerde kendilerini iyi duymazlar. Sonsuz boşluğu içimde taşıyorum, uçak korkumun nedeni de bu.

Torino yöresini daha iyi görebilmek için Novara'da ayağa kalkıyorum. Hemen ardından trenin mini-barı da koridorda gözüküyor. Milano'dan beri üzerime çöken yorguluğu atabilmek için bir kahve istiyorum. Satıcı arabasını durdurup, karşıma oturuyor.

— Bu gece Torino'da birlikte yemeye gidelim mi, diyor. Sonra kırlaşmış saçlarını gösteriyor.

— Yaşlandım, on yıl daha genç olmalıydım, yirmi dokuz diyor.

Trenlerde karşılaşılan İtalyanlara benzemiyor bu satıcı. Almanca konuşuyor, İngilizce de, üstelik bir sanatçı kadar sinirli.

Bavulumu toplayıp çalışmak için Berlin'e gittiğimde çok gençtim, diyor ben hiçbir şey sormadan. Amcamın orada lokantası vardı, diyor.

— Kırk yıl Berlin'de çalıştı, zavallı amcam. Şimdi orada gömülü, diyor.

— Yaşam böyle. Hepimiz öleceğiz, diyor.

— Benim hiç şansım olmadı. Benimle birlikte Almanya'ya gidenlerin birçoğu zengin oldu. Lokanta sahibi oldular. Benim hiç şansım yok, diyor.

— Kadın konusunda da, diyor.

— Yalnız iskambil oyununda şanslıyım. İnsanın ne karısı, ne de çocuğu olursa, birşey yapması gerek. Ben de iskambil oynuyorum, diyor.

— Venedik'te ana babamın yanında oturuyorum. Her şey bedava.

Bu kısa cümlelerle, yaşam acısını bana anlatırken, bir yandan da, arabasından, bana sunduğu kahveyi içmemi rica ediyor. Pavese'nin yalnız kahramanlarından birine rastladığım duygusuna kapılıyorum.

— Kılığım kötü ama, uykumu almış durumdayım, diyor ve sinirli sinirli pencereden dışarı bakarken, bir yandan da parmaklarıyla baldırına vuruyor.

(Yaşamı boyunca kız kardeşi Maria'nın yanında kalan Pavese'yi düşünüyorum. Ve hep yalnız.)

Akşam alacakaranlığına doğru yol alıyoruz, gecenin karanlığında Torino'ya varmış olacağız.

Onun betimlemelerinden tanıdığım sokaklarda, hemen bu gece, dolaşmak istiyorum. Çağımızın bu yalnızının, derinliklerinde yaşadığı ve intihar ettiği yaşantılarının geçtiği sokaklarda. Sevmesine izin verilmeyen yalnızın.

Tren Torino'ya yaklaştığında, iyi ki yağmur yağıyor. Yağmuru her zaman severim. İç dünyamla bağdaşan havadır. İçine doğru yol aldığım gecenin yalnızlığından korkuyorum. İki kahve içtiğim için bütün yorgunluğum da geçti.

VII

"Nuto, Salto'lu marangoz, Canelli'ye yaptığım ilk gizli gezilerimin yoldaşı; daha önceleri on yıl süreyle bütün şenliklerde, klarnet çalmıştı. Onun için dünya on yıl süreyle bir bayram, bir şenlikti. Çevrenin tüm köylerini, tüm ayyaşlarını, düzenbazlarını ve gönül eğlence yerlerini bilirdi."

Bugün cuma. Saat 8.45. S. Stefano Belbo'dayım. Nuto'nun marangozluk atölyesinin beton çatısında oturuyorum. Altmış yılı aşkın bir süredir olduğu gibi, Nuto, bu sabah da, atölyesinin kapısını saat 8.30'da açtı. Birinci kapıyı altı kez kilitlemiş. Bu bölümde üst üste eski saatler yığılı. Yandaki atölye aynı zamanda Nuto'nun oturduğu bölüm. Burada bir duvarda kendi, tam karşısında Pavese'nin portresi asılı. Olmam gereken yerdeyim.

Pavese'nin portresinin altındaki kitap raflarında onun tüm kitapları dizili. İntiharı özleyen kahramanları, onun yalnız insanları burada. Onun Torino kenti, onun Piemonte yöresi burada. Benim yalnızlığımla. Nuto'nun yalnızlığıyla çevrili.

Önümde genç ağaç fidanları dikili büyük bir bahçe. Beni çocukluğumun elma bahçelerine geri götürüyor.

Taze bir yeşil içinde büyüyen ağaçların cinslerini saptamaya çalışıyorum. Olmuyor. Ama önümde açılışı tıpkı çocukluğumun elma bahçeleri. Yalnız elma bulup yediğim ve akşamları, annemin, beni, ağabeyimi ve kardeşimi dizleri dibine oturtup, yeniden elma soymaya başladığında müthiş kızdığım günlere götürüyor beni bu görüntü.

O zamanlar, annem armut soymuyor da, durmadan elma soyuyor, diye öfkelenirdim. Babam, kendisini mi ya da armudu mu çok sevdiğimi sorduğunda,

— Tabii armudu, derdim.

İçimdeki çocuk, armudun bir tadı olduğunu, babadan böyle bir tat beklenemeyeceğini düşünürdü. Babam da, sanki kendisi çocuk, ben babasıymışım gibi öfkelenirdi. Beni sevip okşamaktan cayardı. Ne çocuksu bir baba, diye düşünürdü içimdeki çocuk.

Annemin soyduğu elmaların kabukları, önünde bir yığın oluştururdu. Şimdi burada, üç metre yükseklikte etrafımı çepeçevre saran dağ sıralarını, meyve bahçelerini, mısır tarlalarını gözlerken, ardımda üzüm bağlarının diğer tepeciklere yükseldiği Belbo'da anımsadığım çocukluk görüntüleri içinde en belirgin olanı tanımlıyorum. Nuto'nun çatısına çıktığımda, buranın da aynı İstanbul'daki, Boğaz'a bakan evimin balkonu ve tepelerime çıkan yokuşu saran sarmaşıkla sarılı olduğunu görüyorum.

Silik çocukluk görüntüleri belirginleşiyor: Aynı tepeler, aynı bitkilerin kokusu, aynı ağaçlar, otlar, üzüm bağları ve aynı ışıklar arasında geçti çocukluğum. Orada, dünyanın ilk resimlerini gördüğüm İzmir yöresinde, Ege Denizine doğru uzanan sıradağlarda çocukluk korkusu, aynı buradaki, Belbo'daki görüntülerle çevreleniyordu.

Dün kararlaştırdığımız gibi, Nuto, sabah tam 8.30'da arabasıyla, yoldan, önümden geçerken, şu cümleyi yazmak üzereydim: "Belki de S. Stefano Belbo'ya artık edebiyatın içinde yaşamaktan kurtulmak için geldim. Buraya varana dek, yaşamın yazından daha güçlü olduğunu sanır, yaşamdan hiçbir şey kaçırmak istemezdim. Ama gene de edebiyatın içinde yaşamaktan kendimi sıyıramaz, bu ikilemin müthiş çelişkisi altında bunalırdım."

Yıllar önce, İstanbul'da Pavese'nin "Yeni Ay" romanını okuduğumda, Nuto'yu canlı bulacağımı hiç düşünemezdim, hele hele onun CN 31 5238 plakalı Fiat 126 arabasına bineceğimi. Yazının, yaşamdan daha canlı bir olgu olduğunu ve yaşamdan taşarak oluştuğunu da burada kavrıyorum.

S. Stefano Belbo'da, neden bu kadar erkekle ilişkim olduğunu da kavrıyorum. Kendi sınırsızlığım içinde yalnız kalmaktan korkuyordum ve bir insanın sınırlarına gereksinmem vardı. Oysa şimdi kendi sınırsızlığım içinde, yaşamı her zamankinden daha derin algıladığıma göre, bundan sonra hiç korkmamaya kararlıyım. İnsanın kendi kendinin yükünü taşıması, diğerlerinin yükünü taşımasından daha rahatlatıcı.

"Yeterince dolaştım dünyayı ve anladım ki her insan iyi ve herbiri diğeri ile eşdeğerde."

Tren, Torino İstasyonuna girmeden önce, satıcı gene geliyor. İş önlüğünü çıkarmış. Kırlaşmış saçlarını özenle taramış.

Aynı yaştayız. O, kendisini yaşlı bir adam olarak tanımlıyor, ben kendimi yaşı olmayan bir insan.

Kendini bana beğendirmek için iyice koku sürünmüş. Kadınlardan yana şansı olmadığını bilmesine karşın, gene de denemekten kendini alamıyor. Bir teneke kutu da Peroni birası getirmiş.

Nuto sarmaşığın gölgesine oturmuş, gazetesini okuyor. Susadım. Nuto ayağa kalkıyor. Öne koyuluyor. Marangoz atölyesine giriyoruz, sonra da tezgahının durduğu bölüme. Üst kata merdivenlerin çıktığı karanlık geçişte büyük bir eski gazete yığını var. Dördüncü ve penceresiz bölümde, Nuto, yüz yılı aşan bir süredir her şeyi saklamış. Pavese'nin kırmızı şarap içtiği boş şişeler bile mutlak burada olmalı.

Edebiyatı oluşturan insanların Nuto ve benzerleri olduğunu ve edebiyatı gene onların yaşattıklarını kavrıyorum.

Su pompasını eliyle çalıştırıyor. Buz gibi pınar suyu, atölye arkasındaki yaban otların bürüdüğü bahçeye akıyor.

— Yavaş yavaş iç, diyor.

Nuto'nun bilgiçliği, akıla, doğallığa dayanan ve yıllarla birlikte onunla süregelmiş bir bilgiçlik. Örümcek ağlarının bürüdüğü bir şişeyi yıkıyor.

Bana su ve bardak veriyor.

Kısaca birlikte gazeteye göz atıyoruz. İsrail'in Filistinlilere karşı yürüttüğü savaş sürüyor. Almanlar Kiel'de yeni bir hücumbot indirmiş denize. Gazetede resmi var. Nuto'nun sekiz yaşındaki köpeği Bijola, artık ben gelip geçerken havlamıyor.

Pavese'nin düşünsel işlevinde, Nuto'yu kendisinin el işçisi olarak gördüğünü ve belki de bu nedenle, günlüğüne "Yaşama Zanaatı" adını verdiğini düşünüyorum.

Satıcı, iki plastik bardağa bira dolduruyor.

— Köpüklü mü, köpüksüz mü, diye soruyor.

Baştan çıkarmak istediği kadına karşı, tıpkı amcasının lokantasındaki garson gibi davranıyor.

Bardakları tokuşturuyoruz. Plastik bardaklardan ses de çıkmıyor. Kadınlar konusundaki mutsuzluğu doğrusu yüreğimi burkuyor. Tokuşturduğu bardaklar bile ses vermiyor. Ne denli umutsuz bir insan. Sinirli sinirli pencereden dışarı bakıyor. Yemeğe davet ettiği kadının yüzüne bakamıyor.

Radyosu olan bir otel odası istiyorum dediğim için, radyosunu gösteriyor:

— Grunding, diyor. Almanya'da satın aldım.

Adımı sorduğunda ve nereden geldiğimi öğrendiğinde, şimdiye dek bu yanıtıma işittiğim en akıllıca şeyi söylüyor:

— Demek bir dil daha biliyorsunuz.

— Ben de çok ülkeler dolaştım, diyor.

— Bütün dünya makarna ve pizza yiyor. Kopenhang'da da, Londra'-da da.

İstasyonun ön salonlarına kadar çantamı sürüyor. Kadınlar karşısındaki şanssızlığını ve yalnızlığını hiç değilse birkaç saat için unutabilmek umuduyla.

Ertesi gün, gene trende satacağı içkilerin listesini verene dek onu beklememi söylüyor. Bu kez Torino-Venedik arasında.

Ailesi yanında her şeyi bedava bulduğu, ancak bir kadını olmadığı Venedik. Acımıyorum. Yeryüzünde makarnanın nasıl yaygınlaştığını kavradığı gibi insanın kendi yalnızlığının sorumluluğunu da, gene kendisinin taşıması gerektiğini de kavramalı.

Bir elinde sipariş listesi, bir elinde içinde radyosunu taşıdığı beyaz çantayla kalabalık içinde yittiğinde, hemen kaçıyorum. Gözlerindeki yalnızlık, hastalık boyutlarına ulaşmış.

İstasyondan çıkınca karşıya geçtiğimde önümde uzayan bulvarı hemen Pavese'nin anlatımlarından tanıyorum. Mutlak Torino'da en çok gelip geçtiği ağaçlıklı yol burası.

Sanki bir köşe kahvesinde buluşacağız ve yalnızlığı bırakıp atacağız. O zamanlar, İstanbul'da, onun kitaplarını okuduğumda, bulvarlarını, alanlarını ve Avrupa kentlerine özgü görkemliliği ile bir kent bekliyorum. Trieste gibi. Oysa Torino, ilk bakışta bile ürkütücü, insanın üzerine yığılan, korkutucu bir kent. Belki de, o burada intihar ettiği için, kendi kendime ürkütücü bir hava yaratıyorum. Ama o zamanlar, onun dünyasıyla, küçük sevinçleriyle, yaşam acısıyla ve ölüm özlemiyle karşılaştığımda da, bu kentte kendini öldürdüğünü biliyordum. Bu düşüncelerle karşıya geçiyorum, Bolonya Otelinin resepsiyonunda duruyorum.

Kendini bu otelde öldürmüş olabileceği düşüncesiyle, gene ürküyorum. Hiçbir yerde otel koridorları bu denli uzun olamaz. Kafka'nın Şato'sundaki gibi uzun koridorlar. Korkulardaki, kabuslardaki boyutlar gibi. Yaşamın sonuna varan koridorlar. Düşümde görsem, bağırarak uyanırdım. Her katta bir kilometreyi buluyor uzunlukları. Karanlık. Kullanılmış çarşafları yere yığmışlar.

Köşelerde yedek karyolalar.

Bana vermek istedikleri odanın tavan boyaları dökülüyor.

— Çok boğucu bir oda, diyorum.

Kullanılmış çarşaf yığını içinde bir ceset, intihar etmişlerin cesetlerini görüyorum.

Bulvarlara çıkıyorum. Gecenin aydınlatılmış ve yaz insanlarıyla dolu bulvarlarına. Korkum yitiyor.

Çantamı gerimde sürükleyerek, kentin daha derinliklerine inmeyi tasarlıyorum. Kahveler dolu. Çanta gürültü çıkarıyor. Gece insanları, kısaca gürültüye bakıyor. Hiç aldırmıyorum. Boğucu olmayan bir otel ararken, aynı zamanda onun intiharından uzaklaştığımı algılıyorum. Şimdi, onun gecelerinin sokaklarını yaşıyorum ve en çok hangi kahvede oturup yazmış olabileceğini düşünüyorum.

Otel Roma'nın danışmasında çalışan genç, Einaudi Yayınevinde, onun odasında oturanlardan daha duyarlı Pavese için.

— Çok kötümser bir yazardı, diyor.

— Yazın kötümserlikten doğar, diyorum.

Dikey konulmuş bir tabutu andıran ve karanlığa yükselen asansöre biniyoruz. Asansörün boyutları da bir tabut kadar. Ama Pavese'ninkinden daha büyük bir ceset için yapılmış. Bugün, Nuto'nun atölyesinin beton çatısında bu satırları yazarken, Pavese'nin bu tabutu da ölüme yol almak için arayıp bulduğunu kavrıyorum. Son yolu. İntihara varmak için. Hiçbir asansör bundan daha kapalı, daha karanlık ve dolayısıyla ölüme varmak için daha elverişli değil. Pavese'nin intiharının yalnız anlatılarında, şiirlerinde ve günlüğünde yansımadığını, çevresine, bulvarlara, gelip gittiği caddelere, yürüdüğü yaya kaldırımlarıyla, Torino tren istasyonuyla, istasyon önündeki alanla, intihar ettiği otelin adıyla, otelin koridorlarıyla, asansörüyle ve odasıyla da somut bağlantıları bulunduğunu kavrıyorum. Kenti Torino ve doğduğu kasaba Belbo'yu, nasıl bütünüyle, duygularıyla yaşamışsa, intiharını da bu karanlık, karabasan ve korkulu, mistik yerlerde uzun süre hazırlamış, denemiş ve yaşamış olmalı. Belbo, insanı ölüme sürükleyecek görüntülerden yoksun. Açıklık bir kasaba. Bu nedenle ölümünden önce sık sık Belbo'ya geliyor. Yazarlığının el işçisi, arkadaşı marangoz Nuto, Belbo'da. Bugün de. Ve altmış üç dakika sonra gene atölyesinin tahta kapılarını açacak, gerisinde Cesare Pavese'nin bir uzantısı olarak yaşamını sürdürdüğü tahta kapılarını. Neredeyse Pavese'nin bir bölümünün yaşadığı ya da Nuto'nun bir yanının intihar ettiği söylenebilir. Otel Roma, istasyonun tam karşısındaki alanda. Yolculuklarının birçoğuna çıktığı istasyonun. Ya da tüm yolculuklarından döndüğü. Canelli'ye, Roma'ya ya da sürgüne yollandığı Kalabriya'ya gitmek için. Alanın adı "Felice" (Mutluluk). Sürgünden "boğuk sesli kadının" kendisiyle evleneceği umuduyla döndüğünde, kadının başkasıyla evlenmiş olduğunu bu alanda haber almış olabilir. Yere yıkılıp kaldığı Felice Alanı. Bütün geceyi sokaklarda gezinerek geçirebilirim. Bu, belki de Torino'da yaşayacağım ilk geceyi rahatlaştırır. Bu kentte, onun intiharı çok etkiliyor beni. Havayı korku verici, kentin görünüşünü melankolik buluyorum. Kentin gizli bir gücü var. İntihar olasılığı ve intihar özleminin gizlendiği bir güç.

İki genç yanıma sokulduklarında çok yorgunum. Nereye gideceğimi kestiremiyorum. İlk uyandırdıkları izlenim yaşamın yabancısı ve küçük sohbetlerle yetinecek insanlar oldukları.

Gençlerden biri çantayı itmeye devam ediyor, 23.30 sularında Via XX Septembre'de Venezia Otelinde bir oda tutuyorum.

Otel girişinde küçük, solgun, sonsuz yaşlara varmış bir kadın uyku ile uyanıklık arasında oturuyor.

Belbo'ya gelip gidişlerinde kaldığı ve kendisinin "Albergo D'Angelo" adını verdiği otelin yan karşısında bir otel daha var, onun da adı "Roma". Otel Roma'nın asansörüne birçok defa binmiş ve bu asansörü bir tabuta benzetmiş olmalı. Otel Roma'nın koridorları Bolonya Otelinin koridorlarından daha da uzun, daha da karanlık ve daha da boğucu. Bu koridorlar, ölümden geri dönüşe olanak tanımayan, dar, karanlık, uzun, boğucu, yalnız, acı, acımasız koridorlar. İntihar ettiği 305 numaralı oda, intihar koridorunun en son odası. Penceresi Felice Alanına açılıyor.

13.24. Gölgeye geçiyorum. Güneş altında 60 dereceye yakın ısınan sudan içiyorum. Oturduğum sıra, Nuto'nun çocukluğundan kalma. O da aynı sırada oturmuş olmalı. Nuto, çevresini olduğu gibi koruyan tek insan. Kendisi de nasılsa öyle, Çatıdan inip, asma altına geçtiğim kısa yol boyunca, "Sen Dostoyevski'nin Raskolnikoff'undan kendine yakıştırdığın Gruşenka değilsin yalnız, aynı zamanda ecinlisin, ecinli" diyorum.

305 numaralı odaya gidiyorum. Önümde, danışmada çalışan genç. İnce, sevimli bir delikanlı. Öylesine zarif ki, tutsam kırılacak izlenimini uyandırıyor. Burası herhangi bir oda. Ne sıkıcı, ne boğucu. Ne büyük, ne küçük. Ne karanlık, ne aydınlık. Ne canlı, ne ölü. Ne ölüm, ne de intihar kokuyor. Öylesi bir oda. Aksine koridorun uyandırdığı korkuları da hafifletiyor. Çok etkilenmiyorum. Oda yenilenmiş. Pavese'nin yaşamının son gününün hiçbir izini taşımıyor. Bir kapı daha açtığında, banyo ya da bir dolapla karşılaşacağımı sanıyorum. Karanlık bir yere giriyoruz. Odanın kepenkleri kapalı. Karanlıkta darlığı algılıyorum. Yalnız karanlık bir darlığı algılamakla kalmıyorum. İntiharı algılıyorum. Aramızdaki uzaklık yitiyor. O, varlığımı bürüyor. Varlığımın tüm zaman ve zamansızlığını. Sonsuz intiharı bürüyor beni. Yalnız olsam yıkılıp kalacağım. Bu yatağa uzana-

cağım. Haykıracağım. Ağlayacağım. İşte ölüm burada. Ölümün her çeşidi. Oda bu: tabut. Otel Roma'nın 305 numaralı odasının yanına gizlenmiş bir mezar.

Fotoğrafını gördüğümü sandığım aynı tahta karyola. Üzerinde giysileriyle Pavese'nin cesedinin bulunduğu yatak. O zamanlar, benim buğday tarlalarında dünyayı görmeye çalıştığım zamanlar...

"Bir insan olabilmek, bu apayrı bir olgu. Şans, cesaret, istek gerektiren bir olgu. Özellikle dünyada başka hiç kimse yokmuş gibi yalnız kalabilme cesaretini gerektiren. Ve yapmak istediğini düşünmek yalnızca. İnsanlar umursamazsa korkmamak. Yıllar yılı beklemek, ölmek gerek. Ve sen öldükten sonra, şansın varsa, o zaman bir şey olabiliyorsun."

Odadaki o günden kalan diğer eşyalar: Dört çekmeceli bir tahta dolap. Küçük bir komodin ve bir iskemle. Bütün bu eşyaların korunmuş oluşu, beni onun son akşamıyla dolduruyor. Tavan, taban ve duvarlar yenilenmiş, o yıllarda daha boğucu olmaları gerek. Yatağın arkasındaki kapı, banyoya açılıyor.

— Bu oda da otelde kalanlara veriliyor mu.

— 305'e dahil burası da. Kimse burada Pavese'nin intihar ettiğini düşünmüyor ki. RAI film çekti. Çok ender gelen var. Dört yıldır bu otelde çalışıyorum. Odayı gösterdiğim ilk ziyaretçi sizsiniz.

305 numaralı odanın bu gizli mezarına daha önceleri gelmiş olmalı. Yalnız ölmek için değil, ölüme hazırlanmak için de. Buralar uzun uzun düşünülerek yaşanmış yerler: Felice Alanı, Otel Roma, asansör, koridor, gizli mezarı ile 305 numaralı oda, Torino'nun yalnız ve ılık yaz akşamlarında uzun uzun yaşanmış, hazırlanmış bir intihar bu. Bu öldürücü kentin yalnız yaz akşamlarında.

Yeraltı geçidini inerken, otelin görevlisi birden yanıma yaklaşıyor:

— Öğle paydosundayım.

Benimle ölüm odasına giren genci gördüğüme seviniyorum. S. Stefano Belbo'ya tren bileti almama yardım ediyor. Yüzlerce tren kalkış ve varış saatleri arasından, saat 14'te birinci perondan hareket etmem gerektiğini bulup çıkarıyor. Günün çok dışındayım. Algılamıyorum. Sonra Otel Venecia yolunu benimle birlikte yürüyor. Gençlik ve canlılığını duyuyorum. Ölmüşlüğümde. Birkaç kır saçı var. Genç yüzüne yakışıyor. Temmuz sıcağı altında durgunlaşan kentte Cesare Pavese ile birlikte yürüyor gibiyim.

Eşyalarımı topluyorum. Yorgunum. Çok az şeyim olmasına karşın, bir saatte ancak toparlanıyorum. Fazladan taşıdığım iki ütü var yanımda. (Bir sonraki yolculuğumda iki radyo taşımayı kararlaştırıyorum.)

Saat 13'te otelin girişinde, akşamı beklemekte olan yaşlı kadının karşısına oturduğumda, uyanıyor ve açık mavi gözlerini aralamaya çalışıyor.

Otelin girişi serin. Parlak öğle ışığı, XX Septembre Caddesinde kalıyor.

— Kimsin sen?

— Ben.

— Sen olduğun mutlak, ama senin ardında ne gizli?

— Olur olmaz girip çıktığım bu otelde ne yapıyorsun?

— Oturuyorum.

— Oturduğunu görüyorum. Neden oturuyorsun?

— Burada kalıyorum.

— Yaşamın boyu hep burada mı kaldın?

— Hiç çalışmadın mı?

— Çalıştım.

— Kocan?

— 1975'te öldü.

— Çocukların, çocuğun yok mu?

— Tek oğlum 23 Ocakta, bu yıl intihar etti.

(İntihar sözcüğünü Fransızca söylüyor.)

— Nerede?

— Torino'da.

— Nasıl?

— Arabasının egzoz gazı ile.

— Neden?

— Aşk yüzünden, diyor yüz elli dokuz yaşının derinliğinden.

— Ben her gün yeni bir aşkla yaşıyorum.

— İyi ediyorsun.

Sonra Paris ve resim üzerine konuşuyoruz. Nis'te gördüğüm Matisse'in evine getiriyorum sözü ve Matisse'i Picasso'dan daha çok sevdiğimi söylemek istediğim an, aynı şeyi o söylüyor.

— Matisse c'est Matisse, diyor bir melodiyle. Büyük isim. "Yeryüzünün gözyaşları sonsuzdur. Biri ağlamaya başladığında, bir başka yerde, bir başkasının gözyaşları diner." Beckett'in bu cümlesini Nuto'nun çardağı altında değiştirerek yazıyorum. "Yeryüzünün öyküleri sonsuzdur. Biri anlatmayı bitirdiğinde, bir başka yerde, bir başkası anlatmaya başlar." "Yeryüzünün intiharları sonsuzdur. Biri, bir yerde intihar ettiğinde, bir başkası intihar etmeye hazırlanıyordur. Biri ölmeye başladığında, bir başka yerde yaşama başlıyordur diğeri."

Saat 14'e birkaç dakika kala istasyona geldiğimde, bu kez Orazio'yu göreceğimi biliyorum. Tren hareket etmeden önce, beni öpüyor. Heyecandan yüzündeki kaslar titriyor. O an, kendi kendimi, yaşama yeni başlayan bir delikanlı gibi duyuyorum. Her gün yeniden başlayanın yalnız ben olmadığımı, karşımdakilerin de bu özelliğimi algılayarak yaşamın gizliliklerine varmak isteyen bu gençlerin, benim geçmişini ve başlangıcını anında taşıyan bir kadın olduğumu sezerek bana yaklaştıklarını anlıyorum.

VIII

17 Temmuz 21.37

St. Stefano Belbo
Albergo d'Angelo
Christa'nın yatağı başında durduğunu gördüm düşümde
Christa'nın yatağı başında durduğunu ve ölmek zorunda
olduğunu
Christa'nın saçlarının uzadığını gördüm düşümde
Çok solgun olduğunu
Ölüm solgunluğunda olduğunu gördüm düşümde
Süm ile ben bir tahta sırada oturuyoruz
Tahta sıra onun yatağının tam karşısında
Havel Şosesinde Achim'le birlikte otobüs beklerken
oturduğumuz tahta sıranın eşi
Tahta sıra ve onun yatağı mermer tabanlı büyük, çok
büyük bir hastane odasında karşı karşıya
Süm ile benim Christa'nın ölüşünü görmeye
dayanamadığımızı gördüm düşümde
Ölüm yatağı başında duruyor
Ölüm solgunluğunda, zayıf ve uzun saçlı
İnce incecik solgun elleriyle demir karyolasını tutuyor
ölmesi gereken o anda
Bu sonsuz boyutlu hastane odasının yaşam gibi her şeyi
içerdiğini gördüm düşümde
Bu herşeyin ölçüsüzlük ve mermerle birlikte tüm
görünmezi gösterdiğini gördüm düşümde

Christa'nın görünmezi gördüğünü gördüm düşümde
ölmesi gereken anda
Başı eğik duvara dönük olduğunu demir karyola
Başında ayakta durduğunu ölmesi gereken anda... gördüm
düşümde
Süm ile ben, bu ana, öleceği ana bakamadık
Kaçtığımız ve onun ölüm anını Achim'e bıraktığımızı
gördüm düşümde.

IX

17-18 Temmuz 2.36

St. Stefano Belbo

Saat 11'e doğru, Rosa'nın evine giderken, gece sokağa yansıyan gölgemden korkuyorum. Korkuyorum. Kendimden korkuyorum. Bu korkuyu yenmeyi biliyorum.

Anadolu kentlerinin bunaltıcı kasabalarından gündüzleri hiç peşimi bırakmayan gölgemi gözlediğim çocukluk yıllarımı anımsıyorum. Gene Belbo'da belirlenen bir resim. Çocukluğumun yaz aylarındaki bazı günler çevreyi bürüyen o yırtıcı öldürücü aydınlığı anımsıyorum. Bu durgun kasabaların ışığı, o sessizliğin ışığı. Beni korkutan. O an, o yaz aylarının öldürücü parlak ışığından korktuğum anlar zaman zaman yineleniyor. Herhangi bir yerde. Sessizliğin derinliği ve ışığın uzantısının beni baskı altına alıp boğduğu anlarda. İşte o anlarda ölüyorum.

Algıladığım sıcaklıkların en güzeli sona ermek üzere.

Sıcaklığa hiç doyamayacağımı sandığım günün uzantısı da gene ılık.

İki saat, uyku ile uyanıklık arasında, yatıyorum. Bahçenin bir köşesinde gene o hayvan haykırıyor. İlkin bir kadın bağırıyor sanıyorum, ama sonra üç gecedir duyduğum hayvan sesini tanıyorum. Tavuk değil, belki bir hindi.

Uyumaya çalışmaktan vazgeçiyorum.

Cumartesi gününü benimle geçirmek için Torino'dan gelen Orazio ile hiç durmadan konuştum bu gün. Saat 10'da Umberto Alanında buluştuk. Belbo'da olduğu için seviniyorum.

Güzel bir Cumartesi. Beni bekleyen çok şey var. Gençlik, sıcak, Nuto, üzüm bağları, onun doğduğu ev, Orazio'nun bilmediğim teni, güzel kahveler ve bu kasabanın güleryüzlü insanları. Var olmak gene sevinç duyulacak bir olgu. İlkin, ilk ve ortaokul arasında duran Pavese'nin büstüne gidiyoruz. Acılı yüzü gene karşımda. Nefret ettiğim okulları görmezlikten geliyorum.

Mezarlığın önünde Canelli yolunda Orazio beni öpüyor.

— Neden arkamdan geldin, diyorum.

(İlk kez yönelttiğim bir soru.)

— Hangi an seni bana iten.

— 305 numaralı odada durduğumuz an.

— Hangi 305'te. Ön odada mı, mezar odasında mı.

— Onun intihar ettiği odada.

— Onun intihar ettiği tahta karyolaya öyle bakıyordun ki, arkandan gelmek zorunda kaldım.

Böylesi bir yanıt beklemiyorum.

Daha sonraları üzüm bağları arasında seviştiğimizde, hava çok çok sıcak. Temmuz güneşi altında meyilli üzüm bağlarında, toprağın üzerinde, onun genç ve hiç sevişmemiş gövdesi ile benim bedenimin hiçbir ortak yanı yok. Ama içimdeki doyumsuzluk değil mi, benden artan, taşan doyumsuzluk değil mi, gövdemin taşıyamadığım duyarlılığını, sevmemiş bedenlere yansıttığım.

— İlk yattığın kadın ben miyim?

(Gene bir ilk soru.)

— İkinci, diyor.

— Kalabriya'da bir bakire ile yatmıştım.

(Neden onun sürgün gittiği Kalabriya'da.)

Ona sarılıp, güneş altında kendi kendimi tatmin ediyorum.

Sonsuz güneşin altında gençlik, yaşam, intihar ve ölüm dolu çok sıcak bir an. S. Stefano Belbo Temmuz güneşi altında güzel bir bitiş.

İncecik dudaklarıyla.

— Hiç iyi yatamadım seninle, diyor.

— Çok iyi yattın, diyorum.

— Şunu unutma. Birçok kadının son anı, organının içinde değil, dışındadır. Erkek sonsuza dek kadının içinde gidip gelsin. Böylelikle ancak erkeklik gücünün güzel imgesini uyandırabilir kadında, ama o özlenen, kısa, ölümcül, güzel anı yaratamaz. Kadın erkek ilişkisindeki en acı yön de belki bu. Kadın, organının üzerinde son ana yaklaşmalı ki, seninkiyle birlikte o ana erişsin.

Daha sonraları, Nuto ile ağacın gölgesinde oturduğumuzda, Nuto.

— Otel Roma'da mı tanıştınız, diyor.

— Evet ve birbirimizi seviyoruz, diyorum.

— Bu yeni bir durum, diyor.

— Bu kavranmayan çağdaş zaman, diyorum.

Sabah saat 5'e 6 kala fırtına çıkıyor. Panjurların aralığında yüzüme vuran ışıkla algılıyorum şimşekleri. Korkunç. Bu tepeler arasında göğün gürlemesi korkunç. Büyük kentlerde gökyüzünün gürlemesinden çok farklı. Gökyüzünde yükselen her tepeye çarpıyor ve yükseliyor, yükseliyor... Çocukluğumda korktuğum gök gürüldemeleri gibi. Aynı kasabalarda, aynı doğal koşullarda geçirdiğimiz çocukluğumuz.

Hayvan gene haykırıyor.

Bu evde kaldığım ilk gece ağustos böcekleri uyandırmıştı beni. Uzun uzun gecenin derinliğini dinlemiştim. Ardından artık yatıştığımı sanmıştım. Dün gece derin uyudum. Christa'nın ölümünün düşünü görene dek. Ölümünün görüntüsü öyle belirgin ki, bu gece gözlerimi hiç yumamıyorum. Bardaktan boşanırcasına yaz yağmurunu beklerken, zaman geçirmek için, gene yazın dünyasını düşünüyorum. Yağmur benim içime işleyen bir şey. Yeryüzünde, doğanın bana sunduğu en yakın arkadaş.

"Hemingway'e.

Piemonte tepelerini hiç gördünüz mü? Kahverengi, sarı ve pusludur buralar. Zaman zaman da yeşil. Görseniz severdiniz...

Sizin C.P."

Hemingway'in intiharla biten yaşamının boyutlarını düşünüyorum. Ve bu yeryüzü üzerinde Torino-Belbo ve Roma arasında yaşamış Pavese'yi.

Böylece uyuyamadığım geceyi geçirmeye çalışıyorum.

Orazio bir başka evde kalıyor. Kasabalılar onun diğer yamaçta uyuması ve benim diğer yamaçta hayranlıkla gök gürüldemelerini dinlemem için ellerinden gelen her şeyi yaptılar.

9.53'te Torino'ya giden trene biniyoruz. Saat 14'te Otel Roma'da çalışmaya başlaması gerek.

Sabaha karşı 5.16. Yağmur başladı. Oda gene de çok sıcak. Terliyorum.

Yıllar önce çevirdiğim "Langa" öyküsü. "Genç Ay" romanının özünü içeriyor. Ve beni Langa yöresine getiren gene bu öyküsü.

Nuto'da "boğuk sesli kadının" fotoğrafı yok. Yaz yağmuru altında üzüm bağları arasında dolaşmayı ne kadar isterdim.

Rosa odama geliyor. Neden uyumadığımı soruyor.

— Çalışıyorum, diyorum.

Nerede yemek yediğimi soruyor.

(Bundan böyle hiç yemek yemeyeceğim)

Eve ne zaman döndüğümü soruyor. Yarın nerede yemek yiyeceğimi soruyor.

— Bugün Torino'ya dönüyorum, diyorum.

Rosa yetmiş beş yaşında. Bu apartmanda yalnız oturuyor. Kızları da Belbo'da. Konuşurken benden daha çok bağırıyor. Çok zayıf. Her pencere içine bir tespih, her ayna üzerine de papanın renkli bir fotoğrafını asmış, yatakların üzerinde de İsa'yı emziren Meryem.

Dantel örgülü beyaz geceliği ile karşımda.

— Bu el işleri gene moda, diyor.

Ayakkabılarımı giyiyor.

— Ayaklarım 38, diyor.

Bahçede bağıran hayvan gibi haykırıp, bunun ne olduğunu soruyorum.

— Povone, diyor.

— Rusya'dan, Japonya'dan, Yeni Zelanda'dan gelenler oldu. Pavese için Türkiye'den gelen ilk insan sensin, diyor Nuto.

Nereden geliyorum. Boğaz tepelerinden mi. Prag'dan mı. Edebiyat dünyamın mezarlarından mı. Komşular konuşuyor. İnsan bütün gece uyumamışsa, sabaha karşı konuşanları işitmek ne güzel. Rosa gene kalktı.

— Ne güzel bir yağmur. Tanrım, ne güzel bir yağmur. Meryem Ana gene su veriyor, diyor.

— Anlıyor musun, diye soruyor.

— Jesus Christi, diyorum.

Santo Stefano Belbo ortaçağ geleneğinde yaşamaya devam ediyor. Zamansızlığımın ölümcül itilimler uyandırdığı anlarımda, canlılıklarıyla bana yardım eden bu insanları seviyorum.

Bütün İtalya gibi bu çevre de motorize olmuş, buraya da yeni yapılar yapılmış, oysa Nuto eskiyi korumakta direniyor. Atölyesi keman, kontrabas, çello ve viyolonselle dolu. Hepsini kendi yapmış. Yılan biçiminde bir ayakla süslediği masayı örtüyle örtmüş. Örtüyü kaldırdığımda, masanın üzerine Schubert'in Ave Maria'sının notalarını işlediğini görüyorum.

— Pavese, Vivaldi ve Beethoven'i severdi, diyor.

— Buraya vakit öldürmek için geliyorum, diyor.

Yaşamım çoktan bitti.

— Yaşam hiçbir zaman bitmez, diyorum.

Öğleden sonra, Nuto'nun çardağının gölgesinde oturuyoruz. Nuto. Orazio, Bijola ve ben. Önümüzden iki cenaze geçiyor. Her iki cenazenin çiçekleri ayrı arabalarda taşınıyor. Her iki cenazenin gerisinde uzun bir araba kordonu, 28/29 Ağustos 1950 tarihli gazetede şu haberleri okuyorum:

Gazetta Sera
28/29 Ağustos 1950
20 Lire

Birinci sayfada soldaki haber onun intiharı ile ilgili. 20.30'da otele geliyor. Yirmi iki uyku ilacı alıyor.

(O tahta karyola üzerinde cesedi takım elbisesi ile bulunuyor. Yalnız ayakkabılarını çıkarmış.)

"Herkesi bağlıyorum ve herkesten özür diliyorum. Sözcükler yok. Yalnız bir davranış. Bundan böyle yazmayacağım."

Ertesi sabah 8.30'da, otel odasına bir kedi ile birlikte giden hizmetkar onu böylece buluyor.

Sayfanın sağındaki haber gene Beyaz Saray'dan geliyor:

Truman şöyle diyor: "Viyana kaybedilirse, Avrupa kayboldu demektir. Viyana kurtarılırsa, Avrupa kurtuldu, demek."

Bu sayfadaki üçüncü büyük haber Kore'de Taegu'da kızılların zaferini veriyor.

(Bu bana, cesur, kahraman askerler olarak, nerede bulunduğunu bilmedikleri Kore cephesinde ölen ülkemin askerlerini düşündürüyor. Savaşla ilk karşılaşmam. Yalnız zayıf, kuru ninem, savaşın çok kötü bir şey olduğunu söylerdi. Biz çocuklar sokaklarda "Amerika kardeş" diye oynardık.) 4 Eylül tarihinde Torino'da işçilerin greve gideceği bildiriliyor.

....

Hindistan'da deprem: 80 ölü.

Dante Spada adında, takma adı Tarzan olan bir İtalyan hırsız Nis'te ele geçirilmiş.

....

Bulgaristan'ın iki bakanı yaşam boyu hapse çarptırılmış, diğer bakanlar 8-15 yıl arası cezaya çarptırılmış.

....

Pavese'nin vakit geçirmek için sık sık gittiği, bazen günde birkaç film gördüğü Torino sinemalarında, onun intihar ettiği gün şu filmler oynuyor: CHICAGO

Reji: William Caste

Scott Brady, John Russel, Dorothy Hart Universal International

....

MALESIA

Spencer Tracy, James Stevart

MGM

"IL MULO PARLANTE" Konuşan Katır Donald O'Connor.

— Şuraya bakın, diyor Nuto ve Orazio ile bana ölüm alayını gösteriyor.

"Ölüm birşey değil. Ölüm hiçbir şey değil." diyor Svevo son olarak.

Ya intihar.

X

Orazio, bana 305 numaralı odayı vermek istiyor. 221 numaralı odayı tutuyorum. Bir kat aşağıdayım ve odam Felice Alanına değil, yan sokağa bakıyor. İlkin kapının arkasına, onun acı dolu yüzünün resmini asıyorum. Sonra balkon ve pencerelerin dış kepenklerini kapatıyorum. Kaloriferin üzerine, Belbo'nun o dönem resimlerini diziyorum.

Sabah saat 9'da Orazio ile birlikte istasyona iniyoruz. Henüz sokaklardan gece yağmuru buharlaşmamış. Kasabalılar Pazar ayinine hazırlanıyor. Arkadaşlarım, yaşlı erkekler en güzel giysilerini giymiş. En ütülü gömleklerini. Kravat takmış, tıraş olmuşlar. Yaşlılar, genç kadınlar, çocuklar bir bayram sevinci içindeler.

Nuto, her pazar olduğu gibi, bu gün de ayinden sonra karısı ile birlikte d'Angelo Otelinin lokantasında öğle yemeği yiyecek. Yarım yüzyıldır değişmeyen bir gelenek. Tüm yaşamlarını köylerinde geçiren mutlu insanlar.

Nuto'yu, bütün yaşlı ve genç erkekleri, herhangi bir kadını, bütün Belbo'luları, Rosa'yı, tüm Piemonte tepelerini, üzüm bağlarını, tüm evlerin ön cephelerini, Mora üzerindeki taş köprüyü, gökyüzünün gürlemesini, o yaz yağmurunu, eski yapıları, ağustos böceklerinin ötüşünü, S. Stefano'nun İstanbul'a dek bana gelen, bana varan dünyasını içimde saklayacağım. Yeniden gelip onları arayacağım. Pazar ayinine giderken, bir gün Mora kıyısındaki toprak yolda Rosa'yla yeniden karşılaşacağım.

Torino'da istasyonun önündeki yaya geçidinden karşıya geçiyoruz. Galerilerin altından yürüyüp, Otel Roma'ya giriyoruz. Gene o tabutu anımsatan asansöre biniyoruz. Odam tümüyle yenilenmiş. Hiçbir intihar izi taşımıyor. Ama onun intiharı bir kat yukarıda uzun, karanlık, dar koridorun sonunda değil mi. Ben, bu acının tadını mı çıkarıyorum. Neden uzaklaşmıyorum otelden. Neden raylar üzerinde hızla giden bir trende değilim.

Saat 14.30.

Saat 17'de telefonu kaldırıyorum.

— Uyudum, Orazio, diyorum.

Kapatıyorum.

Telefon çalıyor.

— Ne hoş olduğunu sana söylemeyi unuttum, diyor Orazio.

Telefonu kapatıyor.

Bir saat sonra Orazio'nun yanındayım. Asansörde Achim'in "Acının Durgunluğu" adlı kitabın iç kapağına yazdığı sözcükleri düşünüyorum. ("Geçen yaz senin için aldık. Christa için hangi sözcükleri bulacağını bilmediğimiz o günlerde. Şimdi o sözcükler yüreğimde derin boşluklar kazıyor." Achim. 1982 Mart sonu.) Achim'e telefon ediyorum. Burada olsan, birlikte Pavese'nin kahvesi Platti'ye giderdik diyorum.

Platti, 1880 yılından beri değişmeden kalmış bir köşe kahvesi. Galerinin boğuk alacakaranlığı altına çıkarılmış küçük masalardan birinde çay içiyorum. İstasyondan Torino'ya çıkar çıkmaz tanıdığım, onun uzun gezintilerinin anlatımını okuduğumda düşlediğim caddenin yan yollardan biriyle kesiştiği köşede. Platti kahvesi ile, uzun yıllar çalıştığı Einaudi Yayınevine kadar adımlarımı sayıyorum. Sağdaki ilk sokak, Corso Ciacomo Matteotti, ikincisi, S. Quino Sokağı, üçüncüsü, Umberto Biacamono Sokağı. Buradaki birinci yapı yayınevi. Altı katlı bir yapı. Platti kahvesi ile arası üç yüz yetmiş adım.

Kahve ile Otel Roma arası da beş yüz doksan sekiz adım. İki yüz yetmiş beş ve dört yüz otuz beşinci adımları galeriler altından geçen ve yan caddelere sapan tramvay rayları kesiyor. Yol, üzeri kapalı, karanlık galeriler altında dükkanlar boyunca ilerliyor.

Einaudi Yayınevi, Platti kahvesi, Otel Roma: Tümü dokuzyüzaltmışsekiz adım. Gökyüzüne kendini kapayan, insanı beton galerilerden mermer galerilere ileten, yağmuru, rüzgarı, bulutları gizleyen bu kent de onun intiharından sorumlu. Yazdıklarında kentin bu olumsuz özelliğine değinmemesine şaşıyorum. Taşıdığı intihar tutkusu, kentin bu niteliğini ona duyurmamış olmalı. Saat 21.12.

Orazio'nun çalışması bitti. Şimdi burada. Gözlerindeki camları çıkarıyor. Bu camlar derin siyah gözlerini daha da derinleştiriyor. Duş yapacak ve yirmi bir yıllık yaşamında üçüncü kez bir kadınla yatacak. Gözlediğim kadınla.

Sabah ışıkları odaya sızmıyor. Orazio, ilk kez, bir geceyi, bütün bir geceyi bir kadınla geçirdi. Seninle bir kez daha birlikte olamayacağı için, onu, bedeninin tüm geçitlerinden ve kapılarından geçirmeye çalıştın.

Bu ülke insanlarının ne denli din ve evlilik kurumu altında ezildiklerini düşünüyorsun. Onu intihara sürükleyen olgulardan birinin de Katolikliğin kutsal evlilik kurumu olduğunu kavrıyorsun. Onunla yatan kadınların birçoğunun gerçek anlamda dişi olmadıklarını düşünüyorsun. Erkeğin gücünün kendi dişiliklerine bağlı olduğunu kavrayamadıklarını, erkekte diledikleri gücü istedikleri oranda biçimlendirebileceklerini kavramadıklarını sezinliyorsun.

Ayrıca son romanı "Genç Ay"ın erken oluşmuş, zamanından önce yazılmış bir son yapıt olduğunu düşünüyorsun. Böylesine yazma eylemi için yaşayan bir insan, yazdıklarının son bulduğunu algıladığı an ne yapar.

"...Artık yazmayacağım. Langa'lı insanların dikbaşlılığı içinde ölüler dünyasına yolculuğuma başlayacağım."

Torino, 19 Temmuz, Valentino Bahçeleri, saat 16.

İşte bu bahçeleri de düşündüğüm gibi buluyorum. Yüksek, yaşlı, ağır, yeşilliği eskimiş, kalın gövdeli ağaçlar altındaki Po kıyısı boyunca birbirine bağlanan bahçeler, küçük lokaller de onun yaşadığı yılların görünümünden hiç uzaklaşmamış. Masalar, sandalyeler, gazinolar içindeki küçük yapılar, 1950 yıllarını bugün de sürdürüyor. O zamanlar, uzun, sıcak yaz akşamlarında, o yalnız adam, bu bahçelerde oturur, dans edenler ya da gazinoda çalışanlar arasından bir kızı kendine çekmenin özlemini duyardı. Gene bu bahçelerin önünde yağmur altında uzun saatler bir kızı bekleyip, iyice ıslanıp, gelmemesine karşın bekleyip, uzun bir süre hastalanmamış mıydı.

Bu bahçelerde yeniden bulduğum, dolayısıyla yaşadığım, yalnız onun melankolisi, onun umutsuzluğu, onun yalnızlığı değil. Bu ağaçlar, yeşilin bu bırakılmışlığı, bugün de aynı o zamanki zamansızlığında duran, bekleyen, yitik zamanı bekleyen bu yeşil, şimdi de, o zamanki gibi bunaltıyor, bunaltıyor, bunaltıyor.

Gittiğim hiçbir yerde yalnızlığı bu denli simgeleyen bahçeler yaşamadım. Stockholm'ün banliyösünde bile. Burada bir şey var. Bu kentte bir gizemli ölüm var. Bu yeşilde adını çıkaramadığım, tanımlayamadığım, onun kaçması gereken, kaçmadığı, aksine ölüm tutkusunu körüklediği bir güç var.

Tabii bu bahçeler, bana, çocukluğumda annem ve annem gibi doğru dürüst annelerle birlikte gittiğim İstanbul Belediye Gazinolarını da anımsatıyor. Oraya diğer çocuklar ve onların çirkin anneleri ile birlikte giderdik ve ben – çocuk ben – nasıl da sıkılırdım, sıkılırdım, sıkılırdım.Bu çocuklardan biri şizofreniye tutuldu, yıllardan beri kendine gelemedi. Diğeri faşistler arasına katıldı, terör dalgasında öldürüldü. O da yıllarca sinir hastalığı çekmiş, ancak yaşlı bir adam görünümüne geldiğinde bitirmişti üniversiteyi. Hemen ardından Karadeniz dolaylarında vuruldu. Alnı açık, başı büyükçe bir çocuktu.

— Seninle birlikte geçen günler olağanüstü günler, diyor Orazio.

Saçlarımı okşuyor.

Boşalan yaz yağmurundan sonra arada bir güneş çıkıyor. Ama gene de, gökyüzü gri bulutlar içinde.

Kimi gazinolardan müzik sesi geliyor. Müzik bile canlı kılmıyor bu bahçeleri. Aksine, müzik melankoliyi artırıyor. Orazio olmasa, yiteceğim duyguların acılığında. Bu yeşil o denli intiharı düşündürüyor.

Şimdi burada, Torino'da, Valentino Bahçelerinde, çocukken neden o denli sıkıldığımı anlıyorum. Çocukluğun sınırları korkunç. Çocukluğun soğuk geceleri gibi. Sınırları, olanaksızlığı, görüntüleri, hareketsizliği, çocukluğun dar sınırları korkunç. Büyüklerin, kendilerinin yetişkin, çocukların çocuk olduğunu düşünmeleri korkunç. Çocukken insanın çocukluk sınırlarına taşmasına izin verilmiyor. Oysa çocukken de dünyayı aynı gözlerle gördüğümü, aynı gözlerle, aynı düşünceyle, duygular ve sezgilerle kavradığımı anlıyorum. Yılların geçmesi ancak bu sezgileri, duyguları, düşünceleri, dünyaya bakan gözlerin algılamalarını çoğalttı, üst üste yığdı, dayanılmaz bir çığ biçiminde büyüttü. Ama şimdi çocukluğun tutukevinde değilim. Çocukluğun sürgününde değilim. Çocukluk tutukluk, çocukluk sürgün. Torino kenti gibi. İnsanın kaçması gereken bir kesit. "Ölüler ülkesine yolculuğa" çıkmaması için, kaçması gereken bir kesit.

Valentino Bahçelerinde tek mutluluğumun kaçmak olduğunu kavrıyorum. Her şeyden. Her şeyden. Bütün çocukluklardan, bütün acılardan, bütün sevgilerden, bütün doyumlardan, bütün gecelerden, bütün günlerden, evlerden, evliliklerden, aile bağlarından, her genç aydan, her ülkeden, her sınırdan, her sınırlılıktan, alışkanlıklardan, her dünyadan, her öteki dünyadan, her yaşamdan. Her gece ölüyorum. Sonra ölümden kaçıp yeniden canlanıyorum. Her yirmi dört saat, hem yaşam, hem ölüm. Ve ilk kez bu yolculuğum süresince, yazarlarımın çevrelerinde, sokaklarında, kahvelerinde, bulvarlarında, mezarlarında, evlerinde, dünyaya baktıkları yörelerde çıktığım bu yolculukta, içimde sürekli çakışan ikili kişiliğin, tek bir "ben"de birleştiğini sezinliyorum. İçinde var olduğum zamansızlığın tüm sonsuzluğunu, tüm sınırsızlığını hem ardımda, hem önümde kavrıyorum. Sonsuzluğu zaman zaman bir ışık, zaman zaman da gri bir çizgi olarak görüyorum. Ama çocuk da o ışığı Esentepelerde görmüyor muydu.

20 Haziran, sabah saat 8.36.

Tren biraz önce Torino İstasyonundan kalktı. Orazio beyaz gömleği ve lacivert pantolonu ile 17. peronda kaldı. Derin siyah gözleri, en ince elleri, en zayıf bedeni, en ince dudakları, 17. peronda donup kaldı. Sonra Otel Roma yönünde yitti.

Torino banliyölerinden geçiyorum. Birazdan gene mısır tarlaları başlayacak.

"O gün, mısır tarlalarında durakladığım, uzun ince sapların hışırtısına kulak verdiğim o gün, o dallar havada çalkalanırken bir şeyi anımsadım. Çoktandır unuttuğum bir şeyi. Tarlanın gerisinde, yamaçlara doğru yükselen tarlanın gerisinde, boş, bomboş gökyüzü duruyordu."

Bu kahrolası yeryüzünün o büyük yalnızı.

Onu ne denli seviyorum.

Dün kız kardeşinin evinin önünde durdum. Via Corso Poscoli 9. Sini/Pavese zilini birkaç kez çaldım. Beş giriş kapısı olan, büyük bir yapı. Kentin yeni gelişen yörelerinde. Yüzlerce pencere gerisinde, yüzlerce ailenin barındığını yansıtan bu büyük yeni yapılar ne denli dayanılmaz bir görünüm içinde karşımda. Özellikle temmuz günü sıcağının parlak ışığı altında Maria, seksen dört yaşında. Burada kızı ile yaşıyor. Kızı hiç evlenmemiş. İlkin babasına bakmış, şimdi de annesine bakıyor. Pavese'nin "Yalnız Kadınlar," romanını düşünüyorum. Bazı insanlar sabır, bazıları sabırsızlık dolu. Ben ikincilerdenim. Bu can sıkıcı büyük yeni yapı altında, ilk kez onun intiharını sevinçle karşılıyorum. Yaşamadığına, burada oturmadığına, kentin bu yeni mahallelerine hiç taşınmadığına, bu sokakları, bu evleri görmediğine seviniyorum. Bu caddeler ve evlerin yüzleri, insana korku veren parlak ışıkla bezeli. İnsan neden bu yaşama daha çok katlansın. Neden bu dayanılmaz yalnızlığa daha çok katlansın. Neden bu parlak ve zamansız ışığa daha çok katlansın. Neden kendisiyle birlikte doğmuş olan intihar özlemini daha çok taşısın.

"Tanrı bana büyük yetenekler vermiş. Bazılarına kanseri vermiş. Kimini budala olarak yaratmış. Kimini daha çocuk yaşta ölüme göndermiş. Tanrı'nın büyüklüğünün nerede olduğu belirsiz. İşte beş bin liret. Castellanzzo Rahibi için. Kendi öykülerini anlatsın, kendi dinlesin. Hiç değilse anlattıklarına kendisinin inandığını umalım.

Kendinize bakın. Bana gelince, kendimi buz parçası içindeki balık gibi duyuyorum."

Bu mektuptan sonra çalıştığı "Unita" gazetesine gidiyor.

Ölüm haberini verecek yazı için fotoğrafını da kendi seçiyor, Yavaş hazırlanmış, yıllar boyu yaşanmış bir intihar.

CIMITERO PRINCIPALI Mezarlığı.

Şimdi sonsuzluğa dek gördüğüm belirsiz sarı ışığın kilometrelere varan mezar duvarlarına eşit boyutlarda uzadığını görüyorum. Hiçbir görünüm beni bu denli şaşırtmamıştı. (Şimdiye dek temerküz kamplarını ziyaret edemedim.)

İnsanın düşlerini ve imgelem gücünü aşan bir görüntü. Bu kapıların ardı, Katolik dininin tanımladığı cennete mi iniyor. Sessiz. Benden başka ziyaretçi yok. Kilometrelerce uzayan duvarlarda küçük, küçük, kutu mezarlar. Her mezarın üzerinde ölünün bir fotoğrafı. Her mezarın üzerinde bir vazo. Her vazonun üzerinde her renk plastik çiçek. Ve bu mezarlar, bu kutu mezarlar, ölü fotoğrafları, renkli plastik çiçekler avlunun iki yanını çevreleyen mezarlık duvarları boyunca, göz alabildiğince uzuyor, iniyor. Mezarlığın bitiminde Torino kentinin ağır ağır soluduğunu düşünemiyorum bile. Ölümün de ötesini gördüğüm bu duvarlar arasında yatmadığına mutluyum. Onun mezarı, iç avluda. Yeşil mermer. Mermerin ardında bir kırmızı gül. Mezarın iki başındaki mermer vazolarda da plastik ortancalar hiç bozulmadan duruyor. Onun mezar taşında da resmi var. Acılı, zayıf, sevdiğim yüzünün. Ama bu mezarlığın, bu plastik ortancaların, bu ağır mermerin, onun ne kişiliğiyle, ne de şiiri ile bağdaşmadığını neden düşünüyorum. Neden, onu, yalnız Piemonte Tepelerinde, mısır tarlalarının hışırtısını duyan toprağa yakın, taşa dönüşmemiş bir mezarda görmeyi istiyorum.

Öğleden sonranın uzantısında Orazio ile Valentino Bahçelerinde geziye çıkıyorum. Birden yağmur başladığında, gazinolardan birinin çatısı altında durup bekliyoruz. Bu küçük yapılara, eski yılların masalarına, sandalyelerine bakıyorum. Biraz ötede, bir genç, kitap okuyor. Okuduğu Pavese olsun isterdim. Ama Nietzsche okuyor: "Zerdüşt".

Yaşlı, ağır ağaçların melankolik dalları arasından Po Nehri yüzeyine bakıyorum. Büyük yağmur tanelerinin su yüzüne inişi olağanüstü bir hareketlilik yansıtıyor. Yağmurdan sonra bahçeleri birbirine bağlayan asfaltta yürüyoruz. Orazio elimi tutuyor. Sıcak asfalttan buharlar yükseliyor. Ellerimizi asfalta dayıyoruz. Sıcak.

— Burası güzel, diyor Orazio.

Daha sonra Umberto Köprüsü üzerinde durduğumuzda, kentin boğucu olmayan tek görüntüsünü yakalıyorum.

Hayır. Hayır. Bu kent yanlış yerde kurulu. Bu kentin nehir kıyısında ve tepelere doğru yükselerek yer alması gerekirdi. Hiçbir kentin Torino kadar intiharı düşündüren, insanı intihara iten bir mimarisi olamaz. Yok. Dağlara kapalı. Po Nehrine kapalı. Güneşe kapalı. Gökyüzüne kapalı. Yağmura kapalı. Yıldızlara kapalı. Esintilere kapalı. Her açıklığa ve genişliğe kapalı. Soluklara kapalı. Tüm gökyüzünü örten galeriler gerisinde gizli. Kent boyunca yürünen mermer tabanlı, ağır kalın taş sütunların taşıdığı, yer yer tavanından lambaların sarktığı, büyük, görkemli mağazalara açılan, sık sık eski kahvelerin sandalyelerinin, masalarının yer aldığı galeriler, zaman zaman ağır heykellerin, büyük taş aslanların ürkütücü biçimde durduğu alanlara açılıyor. Alanlarda insanlar yok. Büyük, eski yapıların gri ve toprak rengi sıvaları giderek daha da koyulaşmış, ağırlıklarında zamanın dayanılmazlığı var. XX Septembre Sokağında oturduğu ilk evin merdivenlerine bakıyorum. Avluya açılan giriş katına hafif bir ışık sızıyor. Katlara yükselen boşluk karanlık içinde.

Via Lamarmora 35'teki oturduğu son eve, yolun karşı kaldırımından bakıyorum. Burada soluduğum her an, onun intiharı yineleniyor. Bu evden çıkıp Otel Roma'ya gidiyor. Her cadde kendi içine kapalı. Her yapı. Her taş. Her büyük mermer parçasından oluşan, galerilerin uzantısında ilerleyen yaya yolları kapalı. Doğanın, dağların, güneşin, bulutların mevsimlerle büründüğü griliklerin, nehrin, gökyüzünün, mavinin, yağmurların, zaman zaman insanı okşayan rüzgarların bir düşmanı olmalı kenti oluşturanlar. Doğayı taşa dönüştürmüşler. İnsanı, yalnız eliyle biçimlendirilenin içine kitlemişler. Galeriler boyunca yer alan büyük tahta kapılar, ürkütücü, eski yapıların korkunç koridorlarına açılıyor. Bu yapıların da, sonsuz koridorların da insan boyutlarıyla bağdaşan hiçbir ölçüsü yok. Ve korku, korku ile örülmüş kent, Otel Roma'nın üçüncü katında bitiyor. O kata, bugün de, onun ölmeye çıktığı asansör çalışıyor. Asansörden inince, koridorun hiç ışık sızmayan uzantısında, o odaya varılıyor. Kapıyı açıyorsun. Geniş odanın içindeki gizi, intihar odası, aynı karyola ile bekliyor. Onun intiharını yaşamak için mi bu koridordasın. Aynı asansörle inip çıkıyorsun.

Gitmeliyim. Gitmeliyim. Gitmeliyim. Gitmeliyim. Gitmeliyim. Ben giderken, ben ya da tren görünümlerin içinden, kentlerden, köylerden, mısır tarlalarından, dağ sıraları önünden, ardından, bir göl kıyısından, bir nehir yatağı boyunca ya da gri bir deniz yüzeyi boyunca ilerlerken yol alırken, tanımadığım insanlar hızla gidiş yolunun aksi yönünde yitip giderken, her görüntüyle birlikte benden uzaklaşırken, yitip giderken, işte ancak o zaman uzaklaşıyorum yaşamın sonundan. Başlangıcından. Gitmeliyim. Koridorun sonunda 305 numaralı odanın bitişiğindeki gizli odada intiharı duruyor. Valentino Bahçeleri, geceler, yalnızlık, galeriler, ağaçların ağır yeşili, mezarlığın uzun, solgun, sarı duvarları, Genç Ay burada sönüyor. Ağır ağır yükselen küçük asansör, tüm umutsuzluk, intihar tutkusu orada bitiyor. Orada yalnızlık en büyük yalnızlık içinde yitiyor. Hiçlikte. *Ve yaşam yalnız rüzgar, yalnız gökyüzü, yalnız yapraklar ve yalnız hiç değil mi.*

Berlin, Ağustos 1982
Arnavutköy, Şubat 1984

Fatma Akerson
Nisan
Düğmeler ve Başka Şeyler
Gülten Akın
Yürü Dur Boya
Kestim Kara Saçlarımı
Filiz Ali
Müzisyen Portreleri
Özdemir Asaf
Yalnızlık Paylaşılmaz
Giorgio Bassani
Altın Gözlük
Kapının Ardında
Niyazi Berkes
Teokrasi ve Laiklik
Atatürk ve Devrimler
Türk Düşününde Batı Sorunu
Melike Eğilmez Boylan
Güldürme Beni! - Mizah Üstüne Ciddi Söyleşiler
Catherine Chanter
Kuyu
Inger Christensen
Azorno
David Cronenberg
Tüketilmiş
Rachel Cusk
Çerçeve
Burak Aziz Sürük-Cengiz Çakıt
Adım Adım 62 Salata
Serhat Çelikel
Pencere
Karlar Altında Körler Ülkesi
İnan Çetin
Bin Yapraklı Lotus
Christopher Dell
Okült, Cadılık ve Büyü Resimli Tarih
Selçuk Demirel
Portakal Mavisi Bir Dünya
John Berger - Selçuk Demirel
Duman
Mahmud Derviş
Bu Şiirin Bitmesini İstemiyorum
Zeynep Direk
Cinsiyeti Yazmak
Orhan Duru
Mavi Gezi Pirî Reis'in İzinde
Georges Dumézil
Mit ve Destan I:
Hint-Avrupa Halklarının Destanlarında Üç İşlev İdeolojisi
Mit ve Destan II: Hint-Avrupa Destanlarının Tipleri
Bir Kahraman, Bir Büyücü, Bir Kral
İlhan Durusel
Yavaş Ateş
Andrew Scull
Uygarlık ve Delilik: Akıl Hastalığının Kültürel Tarihi
Ferit Edgü
Sözlü / Yazılı
Melih Ergen
Varuna'nın Bin Gözü
Fotoğrafın Arka Yüzü
Hüseyin Ferhad
Şark Belleği
Roger Martin du Gard
Thibault'lar-I
Andrew Gibson
James Joyce
Fahri Güllüoğlu
Döküntü - Bir Şiirin Can'ı İçin Kantat
Hermann Hesse
İnanç da Sevgi de Aklın Yolunu İzlemez
Kleist-Chamisso-Hoffmann
Üç Romantik Hikâye
Mina Holland
Yemek Atlası - Otuz Sekiz Mutfakta Dünya Turu
Jonathan Holt
Yüz Karası
Kayıp Geçmiş
Christopher Isherwood
Prater'in Menekşesi
Roy Jacobsen
Harika Çocuk
Görülmeyenler
Yücel Kayıran
Şiirimin Çeyrek Yüzyılı - Günümüz Türk Şiiri Üzerine Makaleler
Yaşar Kemal
Kalemler
Beyaz Pantolon
Gülayşe Koçak
Topaç
Gürsel Korat
Güvercine Ağıt
Unutkan Ayna
Uğur Kökden
Yüzler, Gizler, İzler
Erlend Loe
Doppler
Publius Ovidius Naso
Fasti (I-VI) Roma Takvimi ve Festivaller
Alberto Manguel
Tanpınar'ın İzinde Beş Şehir - Ankara, İstanbul, Erzurum, Konya, Bursa
Andrew Marr
Devletin Başı
Javier Marías
Karasevdalılar
Beyaz Kalp
Yarın Savaşta Beni Düşün
Colum McCann
Dönsün Koca Dünya
TransAtlantik

Ian McEwan
Çocuk Yasası
Behçet Necatigil
Edebiyatımızda Eserler Sözlüğü - 223 Çağdaş Yazarımızın 751 Eseri
Edebiyatımızda İsimler Sözlüğü - 901 Türk Edebiyatçısının Hayatı ve Eseri
Behçet Necatigil-Burhan Uygur
İki Başına Yürümek-Burhan Uygur'un Resimleriyle
Maggie O'Farrell
Sevgilimin Sevgilisi
Ferhat Özkan
Yoksunlar
Orhan Pamuk
Kara Kitap 25 Yaşında
Kırmızı Saçlı Kadın
Hatıraların Masumiyeti
Saf ve Düşünceli Romancı
Gizli Yüz
Babamın Bavulu
Adam Philips
Freud Olmak: Bir Psikanalistin Gelişimi
George Prochnik
İmkânsız Sürgün - Stefan Zweig Dünyanın Sonunda
Mehmet Rifat
Marcel Proust ya da Bir Roman Yaratmak
Barthes, Proust, Baudelaire ve Ötekiler
Oktay Rifat
Bu Dünya Herkese Güzel - (Dışarıda Kalan Şiirler)
Oliver Sacks
Halüsinasyonlar
Hareket Halinde Bir Hayat
Simeon Sakskoburggotski
Benzersiz Bir Hayat, Bulgar Kralı II. Simeon
Leonardo Sciascia
Aldo Moro Vakası
Andrew Scull
Uygarlık ve Delilik: Akıl Hastalığının Kültürel Tarihi
Philippe Sollers
Medyum
Necmi Sönmez
Tez-Antitez-Sentez / Selim Turan'ın Sanat Serüveni
David Stuttard
Sappho'dan Sokrates'e 50 Hayat Hikâyesiyle Antik Yunan Tarihi
Pia Tafdrup
Bulunduğun Yerde - Seçme Şiirler
Haldun Taner
Ölürse Ten Ölür Canlar Ölesi Değil
Fazilet Eczanesi
Yaşasın Demokrasi
Tuş
Ayışığında Şamata
Vatan Kurtaran Şaban
Devekuşuna Mektuplar -1: Önce İnsan
...Ve Değirmen Dönerdi-Lütfen Dokunmayın
Mehmet Taner
Vezinler - Toplu Şiirler II (2002-2006)
Tuğrul Tanyol
Toplu Şiirler (1971-2015)
Goli Taraghi
Kış Uykusu
Tzvetan Todorov
Yazın Kuramı - Rus Biçimcilerinin Metinleri
Alain Touraine
Krizden Sonra
Leonid Borisoviç Tsıpkin
Neroç Köprüsü
Güven Turan
Ardıl
Orçun Türkay
Dans Ediyor Bir Hane
Ülkü Uluırmak
Edip'in Lastik Topu - Dostlarının ve Ailesinin Anlatımıyla Edip Cansever
Turgut Uyar
Dünyanın En Güzel Arabistanı
İsmail Uyaroğlu
Karışık Kitap
Gönül Uzelli
Slav Mitolojisi
Adella Waldman
Nathaniel P.'nin Aşk Maceraları
Nathanel West
Gönül Abla ve Temizinden Bir Milyon
Engin Yenal
101 Yapı ve Yer Türkiye

XXI. YÜZYIL KİTAPLARI

Elizabeth Farrelly
Mutluluğun Sakıncaları
Bruce Hood
Evcilleşmiş Beyin
Jenny Nordberg
Kabil'in Gizli Kızları - Erkek Kılığındaki Afgan Kızlarının Bilinmeyen Hikâyesi
Gil Eyal-Brendan Hart-Emine Öncüler-Neta Oren-Natasha Rossi
Otizm Salgını - Otizm Salgınının Toplumsal Kökenleri
Andrew Solomon
Armut Dibine Düşmeyince - Anne Babalar, Çocuklar ve Kimlik Arayışı
Haz.: Jonathan M. Metzl - Anna Kirkland
Yeni Bir Erdeme Dönüşen Sağlığa Karşı